35岁的少女生活

张微微 著

SPM
南方出版传媒
广东经济出版社
·广州·

图书在版编目（CIP）数据

35 岁的少女生活/张微微著. —广州：广东经济出版社，2019. 7
ISBN 978－7－5454－6700－0

Ⅰ. ①3… Ⅱ. ①张… Ⅲ. ①女性－成功心理－通俗读物 Ⅳ. ①B848. 4－49

中国版本图书馆 CIP 数据核字（2019）第 071440 号

出 版 人：李　鹏
责任编辑：刘　倩
责任技编：许伟斌
摄　　影：李绍彬　七　城　Knight

35 岁的少女生活
35 Sui de Shaonü Shenghuo

出版发行	广东经济出版社（广州市环市东路水荫路 11 号 11～12 楼）
经销	全国新华书店
印刷	广州市岭美文化科技有限公司 （广州市荔湾区花地大道南海南工商贸易区 A 幢）
开本	787 毫米×1092 毫米　1/16
印张	13. 25
字数	100 000 字
版次	2019 年 7 月第 1 版
印次	2019 年 7 月第 1 次
书号	ISBN 978－7－5454－6700－0
定价	58. 00 元

如发现印装质量问题，影响阅读，请与承印厂联系调换。
发行部地址：广州市环市东路水荫路 11 号 11 楼
电话：（020）37601950　邮政编码：510075
邮购地址：广州市环市东路水荫路 11 号 11 楼
电话：（020）37601980　营销网址：**http://www.gebook.com**
广东经济出版社新浪官方微博：**http://e.weibo.com/gebook**
广东经济出版社常年法律顾问：胡志海律师

推荐序

来，让我们做一只大象，每一步都沉稳，踏在坚实大地。

也可以做一只长颈鹿，永远看向，比别人更远的远方。

——流潋紫

2017年的9月，木星进入天秤座。在接下来的13个月里，木星这颗吉星会给天秤座带来无数幸运的转变。但作为一个天秤星人，我却没有这样的改变。

日子似乎变得无比沉重，不愉快的事一件接一件地发生，除了疲于奔波和应付，似乎也无法做些别的什么。

有时候宇宙的力量是很莫名的，也难以言说，除了相信与否，也只有默默接受。那段时间里，我经常和张微微聊天。在某个深夜，说些无厘头的话语。女人的无厘头其实永远只有一个重心，那就是感情。人过30岁，事业已经都稳定，再多难题，屏息静气，总有熬过去的一天，也总有经验可支持。

唯独感情没有。

上一段感情的成败，对下一段感情毫无助益可言。永远在摸索，永远在迷茫。就算倾谈，也不知对方的另一半是谁，那些故事，都是不可言明的哀愁。

末了，我只能催促张小姐上新。

众所周知的，我懒。

这几年懒怠到几乎放弃了逛街这个项目，就算看见漂亮的衣物，穿穿脱脱也是一件非常疲劳费劲的事。

于是，张微微小姐的存在，解决了我很大的难题。我经常在出差时狼狈地发微信给她：完蛋了，衣服没带够/衣服弄脏了，快，快！快递给我。

她总是解救我于危难之中。

于是我就穿着她家的衣服，各种跑来跑去。这样的衣服，轻便、好穿，足以应付各种场合。最重要的是，并不难打理，当然，我也没有心思去打理。

我完全不用动脑筋地，直接接受张小姐智慧和心血的产物，披在身上。在那些忙碌于片场的日子，衣物得实穿，耐脏耐磨；窝在家打字的时候，喜爱绵软、轻便、舒适；还有天南海北四处游荡的时候，她所爱的宝蓝、艳红、香绿点缀在每一张照片上，叫人心情愉悦。

有时候，陪伴就是沉默而温存的。春夏秋冬，日复一日。

有一件过年时她做的锦袍，我爱得很，银白的底子，仙鹤昂着骄傲的头。同款有明黄、翠绿、玄墨。穿上这件锦袍并将头发扎起来，像旧时的女子但又能行动自如。我很喜欢它，但又不敢穿，只好将它挂在衣橱里，每次打开衣橱，想着以后会穿，就有期待的心情。

当然，也有难处。

张小姐个子娇小，又十分地瘦，和我有着几乎20斤的差距，我必须努力克制食欲，才能确保下次穿她家的衣服不会太尴尬。她似乎也在提醒着我，保持良好体态是多么重要，却全然不考虑做她的顾客，有时也挺艰辛，使得我不断要告诉她，衣领要做大V，这样才能适合我这种宽肩膀星人，腰身要松一点。啊，简直要掩面。

这样琐琐碎碎地过着日子，拿美美的衣服化解沉重的时光，过完了这13个月。日子说不上有没有好起来，我却习惯了翻着她的朋友圈和淘宝店，默默地对下一次上新有了盼头。

现在，张小姐的上新速度越来越快，有时完全超过了我下单的手速。看着她世界各地到处飞，拍下美美的照片，赏心悦目，也为她高兴。

真希望，她再没有和我吐槽的时间，因为足够忙碌，足够幸福。

来，让我们做一只大象，每一步都沉稳，踏在坚实大地。也可以做一只长颈鹿，永远看向，比别人更远的远方。

自 序

一个拖延症患者的自白

我是一个拖延症患者。

比如，小学的假期作业永远都是开学前两天才开始写，边哭边写，怎么也写不完。比如，大学时候一个晚上要学完一本高数或者微积分。再比如，工作以后，第二天交给客户的方案都是头一天晚上做到凌晨3点才完成的。还比如，这本书，应该在2017年就完成的。先拖着文章，再拖着朋友推荐，最后因为自序又拖了3个月。

30多年，我一直坚持的一件事，就是拖延。

我一直后悔，要是19岁的时候我能多点努力就好了，那么现在可能就可以生活得轻松点，不用因为年纪而给自己太大压力。可是19岁的我，还不懂社会，只知道窝在宿舍没日没夜地看剧。看别人的故事，仿佛可以从自我的生活里抽脱出来，去感受另一种人生。

我觉得此生最不孤独的时光是在大学宿舍，那里永远亮着灯，永远都有人在里面听歌、打游戏、看书……

跨入新一年的那一刻，我突然有了新年愿望，不以物喜，不以己悲，希望一个人也可以做到同偕到老不靠运。

我们的人生总会面临各种困境。逃避和放弃很容易，但我们还是希望可以解决问题，所以会不懈努力。而成长教会我们的还有，在努力了和尝试了之后如果问题依然无法解决，我们可能需要放弃自己的固执，换一条路走。

人，不能被消灭的，是自己给自己的信心。

春光如酒浓。春天到了，然后夏天，然后秋天，然后冬天。在四季的轮回里，我们从少年变成中年。

本书记录的是成长中不同阶段的一些心情随笔，有些我自己回看都觉得惨不忍睹，但又舍不得删去，这是自己曾经的一个个脚印。

感谢购买及阅读的你们。

C O N T E N T S

目 录

CHAPTER 1

百转千回，千山万水

如果最后能相视一笑，一切就都值得。

CHAPTER 2

隔着人海，相濡以沫

我不相信一见钟情，但是我相信人和人的相遇是命中注定的。

CHAPTER 3

疲惫生活里，一蔬一饭

不死的欲望。

CHAPTER 4

人生没有不可能

代寻失去的时光，一切不回头。

百转千回，千山万水

如果最后能相视一笑，一切就都值得。

CHAPTER 1

中年不敢言老

我的女朋友蜜雪儿终于从上海搬回北京了。她在上海待了1个月，上海下了1个月的雨，她迫不及待地要回北京。

我约她去798看展览。她问我要看哪个。我说我也不是很了解，我只是很想去一面背景墙前拍照。我在朋友圈看到别人的一张照片，一个姑娘站在一面墙的前面，墙上写着：

“作为一个上了年纪的女人，我一直在和这个身份艰难斗争。”

——辛迪·舍曼（艺术家）

这句话是对我等中年女子的完美描述。这么一句话，涵盖了我们此刻的人生。

我和我的同学们见面的时候，常常会感叹，不管是我的大学同学，还是我的中学同学，女同学都比上学时候美了，也看起来比实际年龄小。而大部分男同学，看起来都像大叔。

男人们好像活得很放松啊，起码他们并不怕衰老。“老男人”不一定是个贬义词，有时候还是人生阅历丰富、钱财万贯的象征。

而“老女人”则不然。没有一个女人愿意被叫作“老女人”。于是，从中年起，我们就开始追寻逝去的少女感，开始想要留住青春和胶原蛋白。虽然我们看见刘嘉玲和林青霞的时候，也知道林青霞更美，而刘嘉

玲太僵。但是不经意间，你路过玻璃橱窗，或者从车子的后视镜看见自己脸上出现的一道皱纹，那种恐惧会马上扩散到全身。

当我们意识到自己进入“上了年纪”这个阶段的时候，真的就开始拼命和这个身份做斗争。

我们开始剪刘海，去理发店，“显小”变成了理发师最容易说服我们的台词。超声刀、热玛吉、线雕……听到这些医美术语的时候，我们简直是心里一亮。它们可以唤起我们的细胞再生，或者消除让我们睡不着觉的法令纹，它们共同的特点，就是可以帮我们留住青春，延缓衰老，甚至把我们从变老的趋势上再往回拉一拉。你说，作为凡夫俗子，没有神仙不老药的我们，怎么能不动心。

少女时代，谁在乎马甲线呢？夜宵吃得开心最重要。

而我的拥有马甲线的朋友，基本上都是中年女子。中年女子，因为人生的危机感，比少女更注重自己的身材。

我在写这篇文章的时候，看到一位我很敬仰的姐姐刚发的朋友圈，她说："周末从早上开始，洗牙、修手指甲、修脚趾甲、修眉毛、接睫毛……分别在不同的地方，一分钟也没浪费。现在静静喝一杯，然后滚回家煮饭。"男人们无法理解，女人们怎么可以用掉宝贵的休息时光，一整天做这些事情。

其实也没有人追赶着我们，但是这些事做完之后就会变成一个看起来很体面的自己，就能更有继续生活的勇气。

"体面"，也是我们步入中年之后非常在意的一个词。出门见人，或者和朋友相处，体面常记心头，也最怕丢了体面。你看，大街上醉倒的多是中年男子，有几个中年女子还能像十七八岁的时候喝得东倒西歪不省人事？不行，我们怕妆太花，怕哭相太难看，怕变成别人茶余饭后的笑柄。

为什么"大女人"越来越热门？因为女子们在觉醒。社会进步给了我们机会，让我们可以拥有丰富自我的人生。那么，只有靠一段一段的斗争，和年龄，和皮肤，和身材，和皱纹，和男人，和孩子，甚至和自己，才能不断鼓舞我们前进。

这些就是所谓的中年感悟。

"当我们意识到自己进入'上了年纪'这个阶段的时候，真的就开始拼命和这个身份做斗争。"

彼一如我

我的命理师之前提醒过我，2018年对我特别重要，特别是4月到6月这段时间，她让我好好努力，未来几年的运程都要仰仗2018年能走多远。运势这个东西很奇妙，你不知道它什么时候会来，也不知道它什么时候走，感觉它在你身边时，你就要拼命去抓住，就像爱情。

命理师不会帮我预知未来，她只会提点我待人的方法、做事的方式，有时候，我把自己的想法说给她听，就是想要获得一种肯定，这

种肯定能给人一种神奇的力量，让我不那么急躁、去掉一些焦虑、尽量改变自己。我想要事情朝着好的方向发展，就得去改变自己。

综艺节目《奔跑吧兄弟》播出了好久以后，我才第一次看。这些年已经很少看综艺节目了，看了一会儿，就已经笑得上气不接下气，后来竟还看出了眼泪。从那集《奔跑吧兄弟》开始，我喜欢上了范冰冰。很奇怪，喜欢她竟然不是因为她的电影和采访，而是她客串的一期综艺节目。

我爱上了她的张力和她那种拼命的精神，她虽然浑身是泥但依然充满干劲，眼神一直坚定。这是到了我这个年龄特别需要的东西。我们不会再像20岁的时候那样有很多时间可以浪费，我们也不再有很多选择和机会。现在我需要锁定一个目标，然后奔着这个目标而去，不管对错，只能坚持。

我也喜欢范冰冰在《万物生长》中的模样，她没有刻意隐藏年纪，而是带着成熟无法抗拒的美。很多人不喜欢这部电影，他们说阅人无数的她怎么会爱上初出茅庐的韩庚。哪有那么多为什么，有时候，遇见了就是遇见了，就是命。她有她的选择，他也有打动她的地方。所以，她认定了一条路，走到白走到黑，也是心甘情愿。

百转千回，千山万水，如果最后能相视一笑，一切就都值得。

我大学毕业有10多年了。有时候自己都不敢想，10多年时间，10多年青春就这样过去了。同学们在紧锣密鼓地筹备聚会，很多人开始写回忆录，我也写了，但并没有和大家分享。回忆录里面有我羞于提起的喜欢的男生，有在宿舍没日没夜看剧的荒芜岁月，还有考试前挣扎的狰狞面容。我想与人分享，却又无法充分表达，只好写给自己，当作对时光的追忆和反省。

我身边越来越多的女朋友开始尝试自己去做事情，说得宏伟点，就是创业。有人说，突然发现大家都在一窝蜂地创业了。其实不尽然，我们摸爬滚打到今天，刚好到了这个年纪，积累了勇气、经历、人情，于是开始选择一条能让自己人生更丰富的路。

在一个不太复杂的环境里，做有成就感的事情，带着几个人甚至一两个人的小团队，这一路有辛苦、有欢笑，去攀登或创造一座高峰。

这就是我现在的生活，以此和大家共勉，期待未来阳光会更加明媚。

“运势这个东西很奇妙，你不知道它什么时候会来，也不知道它什么时候走，感觉它在你身边时，你就要拼命去抓住，就像爱情。”

白云缠绕蓝天，如果你也听《心动》

我喜欢好天气的北京，天蓝云白的时候，从此起彼伏的高楼夹缝中看天空，举起手机拍下一张照片。

每次拍天空，我都会想起张艾嘉的电影：《心动》。电影的结尾，小柔收到了很多照片，每一张都是天空，不同的天空，代表分开的日子里浩君对她的思念。

我们去KTV时，有时候不知道该唱什么歌，就会点古巨基的《情歌王》，可以足足唱10多分钟。有热心的网友，罗列出了其中的每一首歌，我就把它们加入歌单，也都来一遍。我最喜欢里面梁朝伟的《你是如此难以忘记》，原来梁朝伟也是会唱歌的人。

我大一的时候，那英出了一张专辑：《我不是天使》。这张专辑那年占据了北京图书大厦流行音乐的两排架子。那年也是我第一次在北京过冬天。宿舍的暖气在阳台门上形成一层雾气，温暖的台灯灯光，温暖的窗帷，伴着红色的索尼CD机，我们从2001年迈入2002年。

前些年我生活在青岛，好友袁野和简宁常常带我进城吃饭，吃完饭，他们再穿过隧道送我回家。有一次袁野在车上放了一首歌，我觉得好听，问他歌是谁唱的，不知是我没说清还是他没听清，他说是模特。第二天，我又坐他的车，说快放那个模特的歌给我听，他说：啊？哪个模特？其实那首歌叫《模特》，唱歌的人叫李荣浩。

从那以后我迷上了李荣浩，会每天听着他的歌走15分钟的路，翻过小山去上班。以至于现在听到他的歌，涵碧楼门口的山路就会浮现在我眼前。在那条山路上，稍微踮踮脚就能看到海。

我一个人跑步的时候会听很慢的歌，歌曲的节奏并不会影响我的速度，听着歌跑起来，就不会觉得累。

坐车的时候，如果车上刚好放到王菲的《乘客》，我就会特别高兴，就为了那句“坐你开的车，听你听的歌，我不是不快乐。”

“我喜欢天蓝云白的时候，从此起彼伏的高楼夹缝中看天空。”

我就是那个
在夜店默默玩手机的人

“我就是那个在夜店默默玩手机的人。”

说出这句话的时候，你们一定以为我很孤独吧。其实并不是，在众目睽睽之下玩手机，对我来说比硬着头皮在几乎无法听见声音只有吵杂的空气中和陌生人打招呼容易多了。

有次，闺蜜盈盈带着我和她的另一位女朋友去夜店参加一位男性友人的生日会。女朋友邀请盈盈：“我们去跳舞好吗？”盈盈很有人性地说：“不行，我们去了就剩小张一个人了。”我感激地看着她们，装作很大度的样子，说：“你们去吧去吧，我玩手机，你们走的时候记得叫上我就好了。”

于是，午夜霓虹灯下，隔着上海到北京的1000多公里，我拉着菲姐陪我在手机上鬼扯。菲姐说她也不喜欢夜店，年轻的时候尝试过几次，一直找不到乐趣。菲姐问我，现在夜店都放什么音乐，我还来不及回答，她自己就说算了，估计你也听不懂。

是的，好多年来，我在夜店都很迷失，不知道该干什么。

如果是和朋友们还好，虽然很吵，还可以玩玩色子喝喝酒。可如果是和陌生人，我就是贝壳，始终放不开，没办法做一个很好的社交伙伴。在我看来，那些很能拉着每个人亲切合影，还和新朋友友好干杯的人，一定是被上天赋予了这种才能。

明明这么不适应，我为什么还跑去夜店呢？因为做人好难，这是一个靠人际关系生存的社会。

午夜12点，我们终于可以回家了。在回去的出租车上，盈盈和我说，纵使爱玩如她，现在也更喜欢在路边摊吃着小串儿、喝着小啤酒的生活。高兴就说话，不高兴就看着行人来往。

从西班牙旅游回来的时候，我们买了很多火腿，和亲朋好友们分享。在方庄一个叫“loft”的啤酒超市，我们撕了两盘火腿，听歌手唱《南山南》《类似爱情》《眼泪》《情人》《喜欢你》。不知不觉吃了两份炸红薯条和别人的半份卤肉饭，应了少女作家胡辛束那句，“没有你在的时候，要么难以下咽，要么食欲冲天”。

可这就是生活，也是我的方式。

“在众目睽睽之下玩手机，对我来说比硬着头皮在几乎无法听见声音只有吵杂的空气中和陌生人打招呼容易多了。”

美丽，带着英雄主义

故事开始，我又要讲我的朋友们了。

有次，和朋友们在一起吃午饭，我忍不住喝了杯酒。由于那天下午大家还要分别忙碌，所以就只喝了一杯，然后各自聊起醉酒的经历。醉酒到失态是件挺丢人的事儿，其实女人们在乎的不是丢不丢人，哪怕丢人了，只要那时候还是美的，就行。

美人喝到不能自理，让人我见犹怜，醉酒好像也是可以被原谅的。

我们大部分人的生活，不会每天都有神奇的际遇或精彩的安排。更多时候是老老实实起床、上班、吃饭、回家、看剧、睡觉。但总有一些特殊的场合，我们可以精心准备一下，这些场合，给了我们一个盛装打扮的机会。

自己觉得穿得特别美的时候，一天都会异常顺利。这时我们就会有信心，聊天也不怯场，能大方地说笑。不管是工作还是恋情，对方都能被你的愉悦所感染。

有一年的艾俪年会，场地在远离青岛市区的黄岛涵碧楼。刚好《了不起的盖茨比》上映，老板简宁就定了一个“盖茨比”的年会主题。当时，我心里默默地想，这可是在1月份的青岛啊，四处寒冷如冰窖，大家应该不会太注意主题吧？

结果当天晚上，客人陆续到来，我真是吓坏了。她们每个人不仅浓

妆艳抹，全身bling bling的，还穿着一款款拖地大礼服。有的人头上插着钻石羽毛，搞得像是自己的婚礼，他们穿得太华丽了。我虽然表面上笑脸相迎，心却在滴血，完全无法和她们在一起拍照。虽然没人要和我比什么，但我就是觉得自己那一刻输得无地自容。

那天之后，我就懂了。那些让自己艳压四座、美翻全场的机会，都是自己创造的。所以，遇到这样的场合，绝对不要手软和胆怯，没人会怪自己太美丽，糟糕的是自己看着别人美丽！

人生能有多少时候被自己美翻，要抓住啊。

有一部韩国的电影，叫《无赖汉》。全度妍凭这部电影斩获了百想艺术大赏最佳女主角。她在里面饰演一个杀人嫌疑犯的情人，她早年做过女明星，后来没了着落，靠开酒吧为生。里面有一段她讨债的情节。她穿着一条耀眼的大红色裙子，涂着大红色口红，戴着昂贵的珍珠耳环。她说，这种时候要有气势。拿到钱以后，她转身去当铺当掉了耳环，钱要拿给男人跑路用。

全度妍塑造的角色大都孤独、单纯、执着。她本人长了一张带有这些特性的脸。第一次看到她其实是在《星梦奇缘》里，她演女二号杨顺爱。杨顺爱在一个不入流的小酒吧里唱歌，梦想有朝一日成为大明星。那时候，她的角色就带着一股不懈的韧劲儿。2007年她演了《密阳》，斩获了戛纳影后。

范玮琪有首歌叫《可不可以不勇敢》，这首歌是唱给那时刚刚失恋的小S。MV里的小S头发被剪短，染成了浅色，脸很受伤却带着一股倔强。歌里的“我们可不可以不勇敢，当伤太重心太酸无力承担”，其实是在鼓励小S，只有勇敢了，才能把现在的沼泽蹚成一马平川。

有次深夜，我问女朋友简宁在干什么，她说在医院打屁股针。她有胆囊炎，偶尔发作，要靠打针缓解疼痛。第二天，看她发的朋友圈都是婚礼照片、团建或是培训，仿佛昨夜我大梦一场。

我的女朋友赵小姐之前做了个手术，回上海第三天，她就出现在办公室里。她说朋友们对她真好，还给她买了花，寄了很多好吃的。我独自出远门，去一些地方办事儿，有时也有种莫名的情绪在心中，觉得自己挺了不起。

英雄主义对女人来说其实也挺重要，要不然，我们靠什么支撑。

赵小姐说，要在每个时刻，看起来都是体面的。简宁从医院出来的时候还要擦一下口红。越是这样的我们，身后或许越有结痂的部分。

但在人前，势必要你看到，我们每个时刻，都好看。

“那些让自己艳压四座、美翻全场的机会，都是自己创造的。”

激情已升华，热情已蒸发，买包停不下

不知道从什么时候起，我的人生陷入了买包的深渊。

我第一次自己买包，是上大学的时候，我买了一只斜挎的书包，从小，我就很讨厌双肩包，从我可以自主买包以后，我好像就再也没有给自己买过一个双肩包。我们读书的时候，还比较朴实，是从工作以后，才开始关注所谓的品牌包包。

包对女人的重要性，谜之神奇。有时候，我们真的就因为拎了一个喜欢的包，觉得自己人也美，心情也好。能拥有自己向往的包，也是我们人生的动力之一。

买包的道路算是前路漫漫，随着我们人生的行进，一直在前进和摸索。接下来和大家分享一下我买的比较成功的一些包。

拥有的第一个名牌包——LV Speedy

我买第一个LV包的时候是20多岁，那时候还不太懂包，老花的Speedy是入门里比较便宜的，耐用，能装，所以是我当时的首选。虽然过了这么多年，已经拥有了非常多的包，但我还是会经常拎它，因为它容量大，总体重量比较轻。

Speedy严格说来，不是皮包，它的材质是人造革，把手是牛皮的，新包的把手都是浅米色，随着时间会慢慢氧化成棕色，我一直觉得氧化了，这个包才真的有生命了，更加好看。我的这个Speedy尺寸是35，一般选择30的比较多，我个人比较偏好大包，觉得拎起来垮垮的，更有随意感。

最经典的
——Chanel Classic Flap

2013年5月购于日本大阪。

第一个入门的Chanel必须是经典款。在不能随意买包的年代，拿出好不容易攒的存款来买一个好的可以长久背的包，比买若干个时髦款的包，值得多。包经典且不多，容易收纳。

Chanel小挎包，最经典的就是2.55和CF，相比2.55的方扣，我个人更喜欢classic。

当时在小羊皮和小牛皮之间纠结了许久，后来因为牛皮没有羊皮那么娇贵，不容易有划痕，还是选择了小牛皮的中号。2013年，我还是一个朝九晚五的上班族，在当时算是花重金买了这个包。后来，Chanel又涨了很多次价，现在看来当时还是买得非常划算的。

这个包的利用率也是相当高，无论是店铺拍照，还是自己出去玩，用它都很方便。虽然它体积不大，但是空间很大，IPAD、充电宝、眼镜、口红、纸巾都能同时塞进去。而且它可以单肩背，又可以斜挎，还可以把链条叠起来挎在肩膀上，非常好用。

ZARA
COS
CHANEL
Elephant and Giraffe
JIMMY CHOO

COS
CHANEL
Elephant and Giraffe
NINE WEST

COS
CHANEL
COS
Keds

Elephant and Giraffe
CHANEL
MARC JACOBS

曾经有一次，我背着这个包和盈盈游走杭州。那天淅淅沥沥地下着小雨，我俩走上一座天桥后，下行电梯骤停了。我和盈盈说，“最害怕走这种电梯了”，话还没说完，我整个人就滑了下去。等盈盈跑下来问我怎么样时，我的动作竟然是举着包，看它有没有受伤。确认它没大问题之后，我就疼得哭了起来。包没有“受伤”，可是我的后背鲜血淋淋，被电梯齿儿蹭破了皮，至今还有五道印儿。

Chanel巨型包

2015年初购于东京银座Chanel。这个包容量无限大，可单肩可手提，小牛皮，结实。

我对大包情有独钟，一直都想要一个Chanel的大包，美其名曰装电脑。可是拿Chanel装电脑多浪费啊！没关系，我们追求的就是这种不经意和假装随意。事实证明，从日本回来的日子里，我不仅拿它装电脑，还把健身衣服、面料和样衣都塞在里面。穿牛仔裤和T恤时，这个包是我的最爱。

Elephant and Giraffe
CHANEL
STYLENANDA

COS
Elephant and Giraffe
CHANEL
Keds

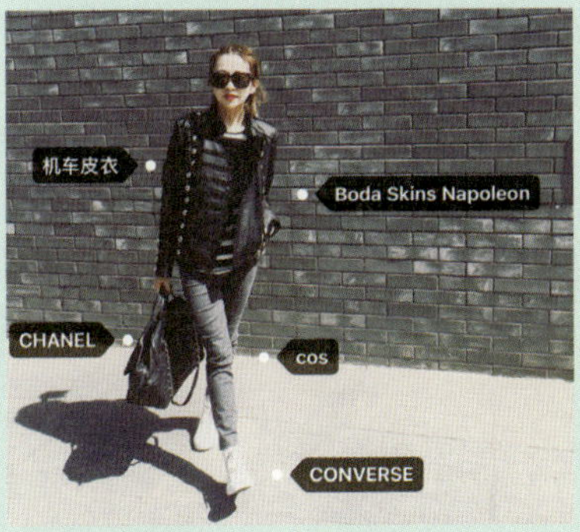
机车皮衣
Boda Skins Napoleon
CHANEL
COS
CONVERSE

平价包的首选
——ZARA

2015年购于北京。

有一天，我自己逛ZARA，在二楼某处的衣服下面看见了这个包，怎么试都觉得好好看。它看起来还挺大牌，而且只要299元，我就默默地买了。

在家放了很久后，有一天我终于带它出去见人。先是被脑袋夸赞，接着又被郭叁叁夸。那时我们正在吃麻辣烫，郭叁叁正准备去米兰，她不仅仅夸赞，还把包直接拿走了。

SLP Duffle
波士顿手提挎包

2014年购于台湾。

每次去台湾，我都期待去桃园机场的免税店。2014年5月，我从台湾回北京，在桃园机场赶上了SLP打7折。

我在Instagram上存过一张图，图上是这个明黄色的包，配他家明黄色的系带凉鞋。我们总会给自己制造一些命中注定的假象，和这个包偶然相遇，好像是命运牵引。

所以，我就有了一个如此灿烂的包。

有趣耐用的——Head Porter

2012年购于日本。

Head Porter是日本品牌。PORTER在英语里的意思是“行李夫”，法语中PORTER是动词，意思是“携带”。而法语中的prêt-à-porter（ready-to-wear）意指“流行成衣”。这双重结合的语意使PORTER成为流行包的代名词。

这个品牌的包以男款居多，多是帆布或防水材料，黑色迷彩灰是主要色系。购买这款草包实属意外，因为它细节做得特别好，是拗造型良品，但价格不菲，所以每次用时我都小心翼翼。

目前为止最贵的包
——Hermès

爱马仕，是大部分女生都向往的吧。也不知道是什么原因，对于Birkin和Kelly，我们是发自内心地觉得它们好美，非常想拥有。

到今天，我也没能拥有一个新的爱马仕包。我买的这个Birkin包，是大阪的代购帮我在中古店找的。相对黑金的配色，我觉得黑银更低调些，而且因为我本身喜欢银色多一些，就要了银色，尺寸是35。Birkin的30是最火和最难买的，相对而言，35的价格还要比30便宜一些。这个包可以装下笔记本电脑，自重也还好。

因为不是新包，所以用起来没有那么心疼，不然这么贵的包总怕磕了碰了。总体来算，它的利用率对我来说还挺高的。

“这个世界，几乎不会有人觉得钱没用。流水的生活，铁打的包。”

职场穿搭指南

我上大学的时候，最向往的办公场所是东方广场。

那会儿感觉东方广场的ONLY和JNBY都比其他商场里的时髦。虽然它挨着人声鼎沸的王府井，步行街是游客的聚集地，可是东方广场的写字楼却是北京精英们汇集的地方，著名的会计师事务所还有大外企，都在东方广场。

我不够优秀，只能去东方广场逛街，却不能踏进东方广场上班。而我的办公地点，一直围绕着北京的各个SOHO。从建外SOHO，三里屯SOHO，到大望路SOHO，这3个在北京也算是地标性建筑的地方，留下了我10多年的痕迹。

各种SOHO，从外面看，简洁独立，漂亮的白色外观，好像并不输给高级写字楼。而且大部分SOHO都拥有绝佳的地理位置，国贸、三里屯和大望路，都是人群最密集之处，SOHO的房租比写字楼便宜许多，于是便涌进各种小型公司和创业公司。

我们每天在等电梯的时候，会遇到形形色色的人，通过他们的穿着打扮，可以猜测他们的身份。白衬衫戴领带配西裤的，一般是房地产中介；抱着电脑穿着时尚的，可能是杂志编辑或者广告公司公关；戴眼镜背双肩包穿条纹或格子的，可能从事IT行业。

我喜欢和穿得整洁体面的人打交道，觉得他们在工作中也会头脑清晰。最害怕遇见胸口有油渍还大言不惭地给我们讲时尚，扣子都系岔了，还要告诉你我来自最高端的女性杂志的人。

穿着得体是职场女性愉悦自己，尊重他人的一大体现。

像我这样生活的女性有很多，我们行走在城市的各个角落，穿过拥挤的人群，支撑我们的是日渐丰盈的生活，和自己对自己的追求越来越清醒的认知。

"不抛弃，不放弃"是我们的职场信条。不光是对工作，也是对自己。

"我喜欢和穿得整洁体面的人打交道，觉得他们在工作中也会头脑清晰。"

你在赏花，而我在赏你

你站在桥上看风景

看风景的人在楼上看你

明月装饰了你的窗子

你装饰了别人的梦

我去录了一次《浪漫满城》，节目播出的时间是周末，所以这次是录播。我是作为独立服装品牌设计师出席的，也没有别的嘉宾，主持人就让我讲讲为什么会开始卖衣服，卖衣服以前是做什么的。

看采访提纲的时候，有一个问题特别吸引我："你是个很有文艺气息的女孩子，在影视和文学作品中，你最喜欢哪对男女主角在一起的感觉？"

正好录音前一天，我在飞机上等起飞，好友罗懵懵生病在家，她和我说她又开始看*Sex and the City*。她问我最喜欢Carrie的哪个男朋友，我说最喜欢Mr. Big啊。虽然Big狠狠地伤了Carrie的心，还跑去和别人结婚，但她最喜欢的始终是Big，她永远无法抗拒Big。

Big有Big的好，所以Carrie才会这样喜欢他。比如，他们中断联系很久，Big给她电话，一声

ee

“kid”，Carrie就马上陷入他们那些曾经的甜蜜。男人和女人，无论社会地位高低，思想成熟与否，只要在这个男人心里这个女人永远是孩子，那么这个女人大抵是无法逃出他的魔掌了。

所幸，在百转千回之后，他们终于有一个好的结局。

从第一季到电影，Carrie和Big的故事更像是我们生活里也会有的经历。女主角是独立女性，需要谋生，有闺蜜，有各种八卦，也会去选择爱人或者被爱。所以每看一遍，伴随自己的经历，我们都会发现似曾相识的部分。

记得在我妹妹的婚礼上，我从一个旁观者的角度，听着她的结婚

誓言，她啜泣得厉害。这个平常写产品说明都头疼得要死的姑娘，竟说出了那么多的肉麻话语。

她说："感谢大头，让我变得更加开朗和开心。在这个世界上，什么事情都可以将就，只有结婚这件事儿是没法将就的。因为，你要的不是一张证书，而是结婚后的一种生活。从结婚到老，你有足足几十年的人生。哪一天，都没办法面对一个将就的人。

"所以，我邀请你去赏花的时候，不光是为了看花，而是为了好好看你，看看站在花下的你，是不是也在同样地欣赏我。

"我是你的姑娘，你必须认为我就是最好看的花。"

我记得，大头的誓言是："沙沙，我越来越像你了，而你越来越像以前的我。我对待事情更加认真，而你常常犯二。相爱的人儿，可以有八百种模样。不论我们是相似的，还是不同的，我时常变成你，用你的思路去思考问题。这是我们的默契所在，也是我爱你最好的证明。"

"在这个世界上，什么事情都可以将就，只有结婚这件事儿是没法将就的。"

你爱我，因为我总像打了鸡血一样自强不息

盈盈有个朋友，叫Yumi，是位好看的模特小姐。有天，我们在群里聊天，说到状态像打鸡血时，Yumi小姐就发问了，什么叫打鸡血呢?

我给她搜索了一下，发现是这样定义打鸡血的——在“文化大革命”年代曾是疯狂蔓延的一种“保健疗法”。现在说某人像打鸡血一样，主要是借以讽刺此人对特定的人物或事物突然情绪亢奋的一种行为表现，也具有调侃意味。

有一次，我在朋友圈发了几张自拍，说最近自己真像打鸡血一样好看。我连着上了五天健身课，即使大腿和屁股已经疼到上楼梯都迈不动步，可是每天依然去被教练小白虐。小白说过，在训练的过程中，我很多动作都做不到位，柔韧性又很差，但好在他布置的功课我基本上都尽力去完成，不会叫苦叫累。

这都是，为了好看。

因为喜欢有人夸我好看，想让喜欢的人夸我好看。如果世界上没了所谓的美丑，我才不要运动、不要节食呢，恨不得过着天天吃火锅和冰激凌然后躺平、仰望天花板的日子。

这是大实话。人活着都需要有个目标。

有一次，盈盈给我们发了一张截图。她说在某婚恋网站上，男方一开始宣称厌恶浓妆艳抹的姑娘，坚决要找有内涵、文静、话不多的，但最后永远选一个眼睛占脸一半、大假睫毛一厘米长的妖精女孩。别信男人择偶前提出的那些要求。他要求女生学历、年龄、收入、身高，但遇见了他觉得长得好看的姑娘，这些原则就变成了云烟。

亦舒故事里的女主角常常白衬衫卡其裤，不施粉黛。琼瑶书里的姑娘也都是明眸皓齿、衣着简单。可那只是小说，是我们理想的状态。现实生活里，哪里有好看的懒姑娘呢？我们努力营造的好看，还得看起来是不经意的。大多数情况是，我9点和你碰面，为了让你觉得我好看，我需要6点起床、洗澡、化妆、卷头发。虽然困成狗，但你说我好看的时候，我就很开心。

这世上没有云淡风轻的人。那些说着不在意外貌的人，其实都是装装样子。越努力的人，越是在努力变好看、努力生活，你看看周遭的姑娘，哪个不是抓紧护肤又勤于上健身房，还懂得时尚潮流。我们不修炼能怎么办。年纪小的姑娘还可以靠年轻，年纪大了，唯有靠不断努力去变得好看。

“亲爱的，你喜欢我什么呢？”

“我喜欢你的一股倔劲儿。”

……

后来，我也发现了自己身上这种自强不息的精神。郭叁叁一直说我是天蝎里的败类，因为老是一副被人欺负特别怂的模样。但其实我自己知道，在韧性上，我是很天蝎的。选择一条路就走到底，虽然不知道会是什么结果。我行动力差，但是有了目

标后，在这件事儿上，起码我会像打鸡血一样坚持和努力。

除了能看得过去，我身上的这些特质，是你喜欢我的原因。

所以，跟着我走吧，打鸡血，变好看，自强不息。

“那些说着不在意外貌的人，其实都是装装样子。越努力的人，越是在努力变好看、努力生活。”

矮，平胸，仍能穿出秋冬时髦感

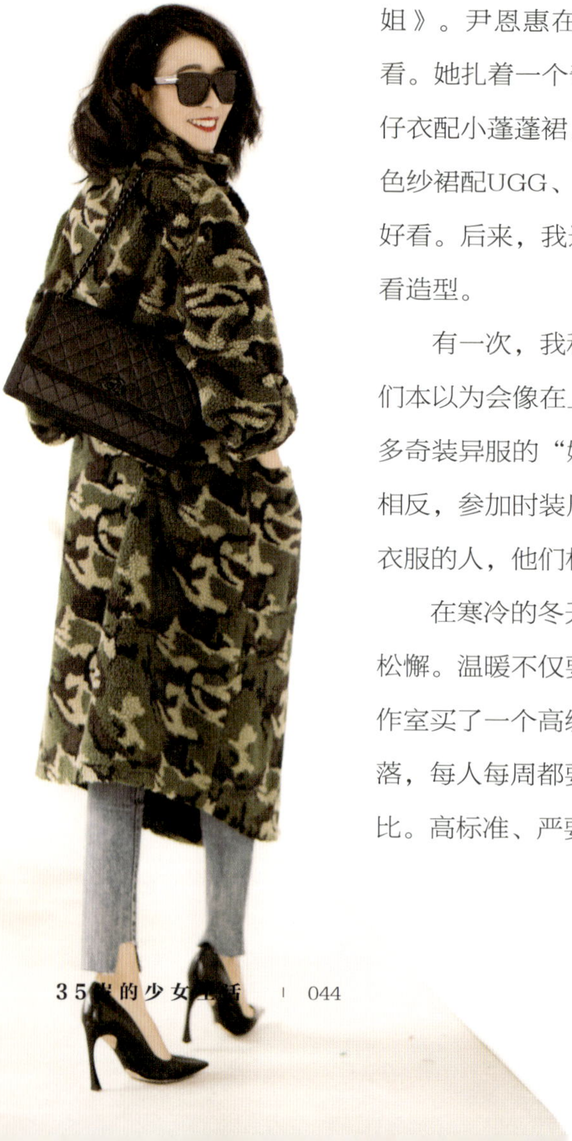

韩剧里，最精彩的穿搭不是《来自星星的你》，而是几年前尹恩惠主演的《拜托小姐》。尹恩惠在里面的每一个造型都很好看。她扎着一个奇怪的发型，穿着宫廷风牛仔衣配小蓬蓬裙，或是穿黑色垫肩西装。白色纱裙配UGG、金色打底裤配长T恤，实在好看。后来，我追看她的每一部剧，都为了看造型。

有一次，我和盈盈去韩国看时装周。我们本以为会像在上海时装周一样，能见到很多奇装异服的“妖魔鬼怪”。然而并没有。相反，参加时装周的大部分都是老老实实穿衣服的人，他们朴实且好看。

在寒冷的冬天，对身体的管理尤其不能松懈。温暖不仅要靠吃，还要靠穿。我让工作室买了一个高级秤，为防止大家在冬天堕落，每人每周都要称一次体重，看一下体脂比。高标准、严要求，才能成就美丽。

所以，现在我拿出毕生所学，告诉你们像我一样矮、平胸的人，怎么才能穿出时髦感。

注意以下三种搭配法则：

长大衣＋露脚踝

你因为个子矮而不敢穿长大衣吗？这是一个误区，长大衣反而可以让人显得修长。大衣的长度很重要，要露一点脚踝出来。一款长度合适的大衣搭配平底鞋，属于日常穿着。如果搭配高跟鞋，那就无障碍了——来一双超高跟即可。

长大衣不要配高筒靴，配踝靴会更好。

中长款＋过膝靴

过膝靴是很多矮个子不敢选择的鞋型。其实，过膝靴是拉长腿部线条的神器。

我推荐大家两种穿法：第一，过膝靴搭配短上衣。不要配短裙或短裤，建议配紧身长裤，直接把它塞在靴子里。对于矮个子的姑娘来说，靴子本来就在膝盖上面了，可怜的大腿所剩无几，如果再来一条短裙或短裤，很容易和靴子无缝拼接。显腿长的绝招，是一定要把腿露出一截来。

第二，配中长款大衣风衣，直接盖过靴子。为什么这样穿效果会好？因为这时候靴子好像变成了袜子，如此适合小腿比例好的姑娘。

靴型很重要，推荐高处包裹、脚腕处显宽松的靴子。

及膝连衣裙

连衣裙的长度，决定了你在别人眼里的身材比例。连衣裙其实是特别容易拉高腰线的，但如果裙子太长，好不容易拉高的腰线又会被破坏掉。对于我们矮个子来说，到膝盖的裙子是绝佳的。如果小腿比例好，你穿平底鞋也无妨。如果小腿不够长，那就配双高跟鞋。如果穿不了高跟鞋，穿一双矮跟鞋也可以。

隔着人海，相濡以沫

我不相信一见钟情，但是我相信人和人的相遇是命中注定的。

CHAPTER 2

女战士们，还等什么，武装好自己奋斗起来

二十七八岁以后的生活里，围绕在我身边的是越来越多的女朋友。有一句话说，每个女朋友都像一口挖不完的深井，她们每个人的经历，工作中遇到的上司、下属、客户、奇葩，恋爱时惊天地泣鬼神的感情，都精彩到可以讲上几天几夜。她们终于将自己的历史讲完，新的篇章马上又开始上演。

女朋友在一起待久了，会变得越来越像，就像谈恋爱的两个人总有夫妻脸似的。耳濡目染的生活彼此影响，我们的品位也相像起来。所以，当你身边聚集了一批天天喊着赶紧赚钱、必须努力赚钱的女朋友时，你也不能独自在家抱着琵琶玩耍。

我喜欢和她们待在一起，不光是因为我喜欢对方，而且我也喜欢那个时候的自己。

和有朝气的女朋友在一起，我可以变得积极向上；和幽默的女朋友在一起，自己好像也变得可爱；和爱吃饭的女朋友在一起，吃每道菜都更有滋味儿。

选择伴侣不仅是选择一个人，更是选择一种生活方式，选择朋友也如是。所以，虽然懒惰如我，但还保有一颗想要努力的心。我身边的朋

友们也是一个个坚韧努力的女战士。为了让这些女战士们不抛弃我，我唯有努力去为她们做战袍。

女人武装自己，不仅靠友情，还要靠装备。

口红是战斗的武器

不知道从什么时候起，我开始口红不离身。因为皮肤太黑，所以我的口红都是大红色系。擦了口红，黯淡的脸上总会泛起点光芒。那时我就觉得自己装备好了，可以出门面对“牛鬼蛇神”或太美丽的朋友。我有很多品牌的红色系口红，大部分是自己买的，也有朋友送的。送我红色系口红，永远不会出错。

过膝靴

冬天一定要有一双过膝靴，我的这双Stuart Weitzman，2015年9月初购于巴黎的老佛爷。Stuart Weitzman最有名的靴款是5050，因为鞋头比较圆，我一直不是很喜欢。所有的鞋子，如果不是复古风或什么特别的设计，我都喜欢尖头的。在老佛爷办理退税的时候，我发现Stuart Weitzman的柜台就在旁边，就立马扑过去了。看到这款鞋子，当时觉得我的腿太短，怕hold不住，没想到上脚效果还不错。其实我穿35码的就可以，但我希望靴管能宽一点，还可以在里面穿长裤，于是就选大了一码。

Stuart Weitzman的靴子确实很神奇。它后面是绑带的，但我不绑带它也不会滑下来。两三年前，我买过一款Stella Luna的麂皮过膝靴，穿上后会不停往下掉。

帽子

拿什么来拯救坏头发？像我这样一天到晚忍不住折腾头发又老是失败的人，特别需要帽子在身边。其实，冬天比夏天难选帽子，冬天穿得特别厚重，宽檐的毛呢帽会显得比较浮夸。冬天我喜欢毛线帽或者报童帽。

韩国小店
Elephant and Giraffe
Acne Studios
ZARA

cos
Y / Project
Elephant and Giraffe
Louis Vuitton

CHANEL
Elephant and Giraffe
asics

Elephant and Giraffe
73hours

Elephant and Giraffe
Ferragamo
MARC JACOBS

COS
Elephant and Giraffe
Keds

Elephant and Giraffe
CHANEL
American Apparel
CHANEL

ZARA
ZARA
Elephant and Giraffe
Massimo Dutti
Keds

ZARA
Elephant and Giraffe
ZARA
Keds

Elephant and Giraffe
CHANEL
CHARLES & KEITH

Elephant and Giraffe
CHANEL
COS
VALENTINO

JNBY
MARC JACOBS

ZARA
COS
CHANEL
Elephant and Giraffe
JIMMY CHOO

COS
CHANEL
COS
Keds

CHANEL
J BRAND
Keds

Elephant and Giraffe
Elephant and Giraffe
73Hours

ZARA
COS
CHANEL
JNBY
Roger Vivier

ZARA
CHANEL
JNBY
VALENTINO

BËMUSE
MANSION

ZARA
Elephant and Giraffe
Elephant and Giraffe

ZARA
Elephant and Giraffe
miu miu
J BRAND

Elephant and Giraffe
CHANEL
Elephant and Giraffe
CHANEL

ZARA
ZARA
CHANEL
Elephant and Giraffe
Keds

Elephant and Giraffe
Elephant and Giraffe
ZARA

Elephant and Giraffe
Elephant and Giraffe

Elephant and Giraffe
Elephant and Giraffe
ZARA
sergio rossi

手套

手套真的并不是为了取暖，其实，哪怕在冬天，戴手套也还是为了好看。我自己买过10多副手套吧，有加绒的，还有触屏的，都是性价比高的好产品。有款短的拉链手套，用了好多年，经久耐用。长的皮手套，纯粹拗造型用。

高跟鞋

我是一个“哈比人”，所以认真的场合，我都需要高跟鞋出场。

我们都知道高跟鞋不舒服，但是对于女人来说，它却是不可或缺的好朋友。好几次，我去红底鞋的店，站在那里选中鞋子的一瞬间，都觉得自己一下子变得霸气起来。这就是高跟鞋的魔力，通过美丽让我们变得自信。

珍珠耳环

有一幅世界名画叫《带珍珠耳环的少女》。出门如果精简装备，只带一件配饰的时候，我会选择一对珍珠耳环，不会太夸张，又显得低调、内敛，有品位。

“女人武装自己，不仅靠友情，还要靠装备。”

累了就歇会儿，但还是要保持前行

我最近在回看《生活大爆炸》的第十一季。从第一季到第十一季，主角们依然吃着Chinese food的外卖，但是Leonard已经和Penny结婚，Howard和Bernadette除了女儿即将又拥有一个儿子，Sheldon都决定要和Amy共度一生了。

Amy刚开始出现的时候，我没想到她会变成这部剧的第一女主角（因为Sheldon是男一）。原来以为Amy是个性格有些古怪还不好看的书呆子，可是看了这么多季，越来越发现，其实Amy才是真的大智若愚的那个聪明人。

聪明人需要有个特长，就是能看得到别人的优点。虽然Sheldon自私又没有什么生活能力，可他在Amy眼里充满智慧，闪闪发光，Leonard和Penny对着Sheldon翻白眼的时候，只有Amy满眼笑意地说，你们不觉得他此时性感极了么。

他们每一对也会吵架拌嘴，互相嫌弃对方，但是能长期生活，一定是心里记着对方的优点。生活远比想象中的更辛苦，我才明白，为什么说人生若只如初见。初见，不光是恋人，包括朋友也是，都不自觉表现出自己最好的一面，美丽、勤劳、脾气好，甚至细心周到。我不禁会想，我们一直怀念刚相遇的最初，那如果可以选择的话，是愿意拥有昙花一现的美好，还是想要不断磨合的生活呢？我的话，还是想要长久的时间，哪怕是

一点点消耗殆尽，也希望拥有好的和不好的全部。毕竟经历过，才知个中滋味。

聪明人还有个技能，就是自娱自乐，只自己一人也拥有丰富充实的生活。拥有丰富的生活，好像是我们从小到大说得很顺口的一句话，说了千八百回，但是真的让内心充实，太难了。所以我很羡慕科学家，他们在不断做实验而有新发现时能获得莫大的成就感。不管是工作还是生活，我们都需要成就感激励自己前行。

我跑步的时候，2公里后就跑不动了，很想停下来，但是我心里说“我要跑够5公里才行”，我就坚持了5公里。每一次直播前，我都很想因为身体不适等原因不做了，但我还是对自己说，“我要直播，直播完这次衣服就会卖得好”，然后也坚持下来了。这些事情，过程其实不痛苦，甚至有些享受，但万事开头难，而且下定决心去做是最难的。另外，甚至当我觉得自己多话的时候，我也在试着控制，祸从口出，以及不是所有的事沟通就会有结果。沉默有时候是难得的品质。

每个周一仿佛都有一个可以从头开始的机会，希望能比上周过得更好，如此，我们的人生就都在进步。

“不管是工作还是生活，我们都需要成就感激励自己前行。”

每一段旅行都不枉此行

我的青岛女朋友七城来北京，问我国庆时北京有哪些好玩的，我说要不你和我去乌兰布统拍照吧。七城是青岛小有名气的女摄影师。

我以为刚从新疆回来的她不会答应，结果她说好的。那时候我们都还不知道我们在去程的车上会堵4个小时，导致只有6个多小时的路程花了将近11个小时才到；也不知道晚上变零度的宾馆没有空调，我们只能在被子和毯子的加持下瑟瑟发抖。

我们走的高速，进入塞罕坝景区，风景就开始美起来。金色的林子，一条车道蜿蜒，没想到是堵车的开始。开始还有夕阳，然后天迅速就黑了，很少有灯光，一眼望不到边的车密密麻麻，仿佛失去了尽头。

除了看风景，就是吃饭。第一顿我订了一整只烤全羊，高估了路况，也高估了我们的食量。从第一顿开始，我们的胃就被羊肉给糊住了，接下来几天只想吃蔬菜。

行程3天，回到城市的那一刻，我们深深觉得，还是做个可以叫外卖可以吃到外送水果的城市人好，被现代便捷退化的我们再去质朴的社会生活有些困难。我很快就忘了乌兰布统的一切。

后来，当我收到她给我拍的照片的时候，感觉突然又不一样了。我又想起了，我们跨过桦木林拍照，地上都是枯草树枝，初升的太阳非常温暖，牛群、羊群、马群经过时我们会兴奋地大叫，还有10元钱一个人的大馒头、小米粥早饭……

我的内蒙古朋友推荐我们回程一定要走国道，说会非常美。看了两天风景以后，我觉得也就那样了。没想到，路过的是我们北方的金黄色树林，小溪水的村庄，静谧得像一幅画。

原来，每一段旅行都不枉此行。

“有些风景，即使暂时忘记了，但看到照片的那一刻，记忆就可以重生。”

和城市谈恋爱

有一次，我从青岛回北京，下了飞机，坐车奔驰在机场高速上。路两边郁郁葱葱的树飞逝而过，漆黑的夜幕笼罩着城市，空气中弥漫着并不清新却熟悉的味道，我忽然觉得，啊，我还是爱北京啊。虽然它有雾霾，虽然它拥堵，虽然人太多，但我依旧会以一颗包容的心继续爱它。

最近重看*Sex and the City*。我是一个记性特别差的人，记不住剧情，所以就像是在看一部新剧。10年前我看这部剧图的是热闹，现在却带着自己的经历审视，感悟良多。有一集，Carrie表达了对纽约的爱，她不容许别人说纽约不好，拒绝和不接受纽约的人谈恋爱。城市很像她的男朋友，有风和日丽，有刮风下雨，有温暖，有伤感。

我会因为很多原因爱上一座城市，比如它环境优美，比如那里的居民很友善，比如那里有很多好吃的。也可能，是因为心爱的人儿在那里。

我们离开自己的城市再回来，就能换一种心情去感受它。深夜经过簋街时，我并不觉得它像以往一样聒噪，看到还有这么多人在这里把酒言欢，甚至觉得真好。

我在城市里穿梭了一小段儿，从金宝街走到东直门，路

过各种小门店、小摊贩，然后，我轻车熟路地走进来福士，买了一份炸薯条当夜宵。

熟悉这座城市的一切，每天都好像在和它谈恋爱。

“城市很像她的男朋友，有风和日丽，有刮风下雨，有温暖，有伤感。”

隔着人海，相濡以沫

我们的工作室大门设有门禁，很多快递和外卖小哥没有卡，就被堵在门口进不去。我有时会在那儿帮别人刷卡，有时候我也懒得拿卡出来，就站着等下一个愿意掏卡的人。

我想起在“爱结”上班的日子，总有一段时间，我们每天下午都聚集在卫生间后面的楼道里，陪静姐和花菜抽烟。她俩烟瘾都不算太大，刚刚好的烟瘾，让我们每天能有10分钟在那碰头。有时候，我在阴影中看她们吞云吐雾，好像现实也一起缥缈起来。

人生中，有多少个什么都不用想的时刻呢？好像真的不多。有时和朋友聊天，他忽然不说话了，我问：“你在想什么？”他会说：“什么都没想。”其实，我知道在那个时候，他一定是想到了什么，也许是一些无法描述的场景或片段。就像我们说的，思绪飞出了十万八千里。

苏西笑："其实我并不笨，也不呆，可是我认真觉得，人生活中只要有一点点乐事，便应庆幸。"

"可是，苏西，你要小心，你不能堕落。"

"不会，堕落也不是易事。"

苏西取过外套跟他走，这才发觉，她对他，还没有说过"不"字，一直都是好好好好好。

对别的男生，苏西可没被这样驯服，

"不，我想早点走。""不，我头痛。""不，今天后晚都有事。""不，我不会跳舞。""不，不，不。"

"你不怕？"

"我是堕落的苏西，无所畏惧。"

这是亦舒《假使苏西堕落》的片段。

苏西是亦舒书中典型的主人公，她短发，利落，浓眉大眼，吃不了苦，会享受，又淡泊名利。我们愿像苏西一样，能有一颗自由的心。

小时候，我最盼望的节日是元旦，元旦有联欢会，下午还能放半天假。整个12月我们都在排练元旦联欢会的节目。临近期末考，作业很多，我们还要编节目、排练，但那时好像从来没有烦恼过。初一的时候，我们跳过《青苹果乐园》舞蹈，高一的时候，我们抱着篮球，男生女生一起跳了《灌篮高手》。还有一年，我和好朋友合唱了一首*I Swear*，不能歌善舞如我，那时候，好像也不害怕站在舞台上。

这样的生活在踏入大学后发生了变化。大学时代，我极少参加团体节目。唯一有一次是一个跨年夜，我们和联谊寝室的男生在月坛溜冰，我带着摔青的双膝，与他们一起迎接了2002年。

我会在手机里记下突然间想到的某个句子，为了防止它消失。有天晚上我给旧手机充电，想删除一些不重要的东西，却误操作，把这些笔记都删掉了。

东西丢了也就丢了，不会掉一块肉，但我却像发了疯一样捯饬了3个小时，就为了把它们找回来。我怕失去书面的东西，好像那些故事我就再也记不起来了。大约是老天爷看我可怜，最后那些笔记竟然被我找了回来。

我们常常说，这些都是身外之物，但身外之物能保护我们、带给我们需要的安全感。朋友们在一起，不管说出的话能否兑现，起码是能让我们镇定的。

“隔着这人海，相濡以沫。”茫茫人海，我们不怕浪费时间。

“我怕失去书面的东西，好像那些故事我就再也记不起来了。”

生活在此，挡不住的热爱

《北京女子图鉴》的一个开头，唤起我当初为什么会来北京的回忆。

我们部队上的小孩，大抵都是不愿意留在部队的，因为部队上只有军校。成绩还不错的，都想去地方上过自由自在的生活，而因为我们在西北，我们想到的大城市就是北京。所以，高考填志愿的时候几乎没有犹豫，从第一志愿到替补的都是一水儿的北京学校。

拿到录取通知书，查学校位置的时候我觉得很悲伤。因为我其他考到北京的同学基本都在海淀，只有我在朝阳，还在东五环外。后来开学报道，除了大一那年我去海淀找过同学，同学也来我们学校看过我以外，大二、大三和大四，我和高中同学好像就没有见过面了。北京太大，我们慢慢都在自己的学校里有了小圈子，开始了自己的生活。

一直到今天，10多年过去了，北京还是有很多地方我没去过，而且是绝大多数的地方。我们住在东四环的同学，一听说聚会在五棵松或者金源燕莎，基本都是放弃的。“8环”之隔实在太有难度。能跨越5环以上见面的，一定都是人间真爱。

我们老说北京这个城市太“土”。它的空气里经常飘着灰尘，还特别干燥。可是你们知道么？我很喜欢北京的干燥。因为我每天用卷发棒卷头发，当我去南方或者是靠近水的城市，我头发卷好出门后可能半个小时就塌了。但是在北京，它可以好好地，一整天都是蓬松的模样。

还有就是即便北京人说北京话，但北京话几乎等同于普通话，所以在这里生活不存在语言障碍。我曾经在一个日本公司上班，他们派我去上海公司开会。结果会上起争执时，他们要么说日语，要么上海话，里外我都听不懂。

因为大，这个城市也总有一些美的地方可以让我们不断发掘。藏在胡同里的古老的寺庙，在路上走着走着就看见的很大的公园，还有春天满城长出的开花的树。

生活在这里，我们总有挡不住的热爱。因为热爱，我们更要好好生活。

“每个城市都会有一些美的地方可以让我们不断发掘。”

写在我35岁的时候

2018年，新世相和高圆圆合作了一个有声专栏，叫作《我，39》。短片表现了不怎么出现在大屏幕里的这些年，39岁的高圆圆想表达的年龄、爱情、衰老和死亡。2005年，高圆圆主演了王小帅编剧和导演的电影——《青红》。电影讲述了20世纪80年代，一个19岁女孩的青春和爱情故事。那个电影还有个名字，叫《我十九》。

50岁那年，张艾嘉专门拍了一部电影，叫《20 30 40》。20岁的小洁是李心洁出演、30岁的想想是刘若英、40岁的Lily由张艾嘉本人出演，讲了3个处于人生不同阶段的女性的感情故事。

对于女性来说，年龄的阶段性尤为明显。比如青春年少的20岁阶段，风华正茂的30岁阶段，成熟忧心的40岁阶段。

2018年，我迎来了自己的35岁。感觉35岁也是一个坎儿，真的就不再年轻了。而实际上，35岁到来的时候并不恐惧，只是意识到自己已经35岁这个事儿，觉得好多事儿就不应该干了，更多的应该表现出这个年龄该有的成熟和理智。

35岁，我觉得自己最大的改变是对亲情的依依不舍。当我反应过来我35岁，我的妈妈已经60岁，姥姥已经83岁时，内心就会不安。好像昨天我还是那个中午放学背着书包骑自行车回家，妈妈做好了午饭在等我，吃好了午饭我们小睡一下，下午还要去学校上课的小姑娘。而突

然，我妈已经在让我帮她申请60岁老年人的福利卡。

我妹在2018年春天生了一个小男孩。原来很讨厌小孩哭哭闹闹的我，可能也因为年纪到了，突然就觉得新生命是这样好。每天我要和胖墩小子视频，虽然他还不认识我，不会叫我，可是他呵呵傻笑的时候，我有一种天地阴霾都一扫而空的感觉。原来王菲唱的，“你眉头开了，所以我笑了，你眼睛红了，我的天灰了，你快乐

于是我快乐”都是真的。

35岁，身体发肤确实有了一些明显的变化。我已经很幸运，有时候看起来还像个小朋友，可是依然觉得眼皮开始往下掉，法令纹变深，皮肤没有以前紧致。于是，看到任何护肤品和美容仪，鼓吹提拉作用，我就都很想试一试。

35岁的前几天，我一直在纠结要不要办一个隆重的生日Party。30岁的时候，我算是隆重地办过一回。找了KTV一个超级大的包房，请了很多朋友、同事和同学。现在我已经记不起都有谁去了我30岁的生日“爬梯”，只有偶尔看拍立得的时候才会突然回忆起来。我在淘宝上搜了清宫服饰，动了做一个“如懿传”主题的念头。一套如懿加冕时候的皇后衣服要1万多元钱，于是，我就放弃了，主要还是觉得太兴师动众。没想到，到了35岁，怕麻烦成了我人生的一大阻碍。很多时候，去远方吃饭，去远方看个展览，都因为觉得麻烦而取消了。这个远方，还只是同城。

最后生日的前一晚，经历了“双十一”紧锣密鼓的发货后，我和工作室的同事们一起吃了一个火锅。感谢他们和我朝夕相处，和我一起在努力挣钱的道路上拼搏奋进。

当天12点，我发了一个朋友圈，一组在内蒙古拍的照片，配文是

“我，35”。那组照片是我青岛的摄影师朋友七城帮我拍摄的。我和七城第一次合作，她一直和我确认，能不能接受和我之前拍产品图时候不一样的风格。我反复强调可以。但是实际操作起来，真的还很难。我的招牌动作就是我的傻笑，除了傻笑，我别的表情都很尴尬。七城一直企图捕捉一些我除了笑以外别的表情。我当时觉得很别扭，但是收到照片的时候，我对她充满了感激。画面上呈现的好像是一个不一样的我，拍产品图以外一个更多内容的我，我35岁的美好从乌兰布统温暖的阳光的照射下开始。

然后，我收到了很多的生日祝福。感谢每一位朋友。

生日之后，在好友王星星的陪伴下，我去了一趟东京。她本来以为是个轻松的小假期，没想到起早贪黑，每天比在国内还累10倍。我妹问，那是不是也比做直播幸福，我想了一下，嗯！在东京，我依然是一个穷人，因为打不起车。我愿意把钱拿来买2000多元的文具，却不舍得下了奥莱的大巴车以后打100元3公里的车回酒店。为了省100元，我俩在找地铁的时候，还迷了路，最后花了2倍以上的时间才回到酒店。我和女朋友蜜雪儿讨论这个问题，她说有些时候花某些钱，不是因为贵，是因为消费理念觉得不值花这个钱。也可能对于我们自己赚每一分钱的人来说，用钱换来物质可以接受，用钱轻松享受就感觉罪恶。

我要用另一位女朋友Faye的话，来结束这篇文章：“35岁有很多分水岭，客观的、主观的、社会标准的、个人意义上的。但凡18岁以后的分水岭，都没啥意义。但是我们可以很快就懒散地释怀，人生，终究靠‘懒得’两字得以解放。”

“我35岁的美好从乌兰布统温暖的阳光的照射下开始。”

从小白领到
创立Elephant and Giraffe

穿过充满麻辣小龙虾、泡椒牛蛙、四川火锅的簋街，我走在回家的路。我想了几种可以避免走簋街的路线，都因为太远了作罢。最终，还是只有这条路可走，这条还隔着八千里，味道就漂浮在空气中，可看尽百态，白天肃静、深夜繁华的路。

2005年，我大学毕业，在老师开的高新技术产业科技公司上班，地点在望京，感觉被世界隔离了。每天最开心的是午饭时光，吃好饭在小仓库眯个午觉，然后等下班。这样的日子过了一年，实在坚守不住，觉得人生就要这么虚度了，警觉后仓皇而逃。

我觉得自己挺幸运的，终于去了梦寐以求的杂志社上班，虽然是新娘杂志，但是天天拍明星拍大片这么浮夸的工作，听起来就喜欢。第一次拍封面，被派去给小明星买干炒牛河和白灼芥兰，然后陪主编从四环打车回到三环的酒店，就为了喝一杯速溶咖啡。磨坏了Tiffany的白金手镯，刮破了东北虎的真丝礼服，明星挑化妆师、摄影师，摄影师也要看明星爱不爱拍，提着大婚纱满北京转悠，借衣服，找场地……那时候，并不明白自己每天都在干什么，反正交代什么就做什么，后来明白，其实这就是所谓的积累资源。

2007年，看我还挺勤劳能干的策划师，介绍我去了瑞可利，这是一家对我人生有特别大影响的日本公司。从面试的那一刻起，我就特别希望能赶紧去上班，一是因为有像唐泽寿明的村上先生，二是因为有比我黑的盈盈。《东京仙履奇缘》里的唐泽寿明，是我年少时理想男友的典范，所以见到村上的那一刻，我就花痴了。见到盈盈的时候，我就一直想，真好，这个姑娘怎么这么黑啊。

瑞可利有着特别神奇的魅力，能把一些从五湖四海来的人特别好地团结在一起。我们有很多部门，有人入职就开欢迎会，有人离职就是送别会，还有每个月一次全公司的kick off，本来陌生的人，陌生的面孔，就在一次次做游戏和觥筹交错中熟识起来，还莫名其妙地交了心。

虽然我很喜欢这个公司，但是3年之后，我还是决定离开。盈盈介绍给我一个很厉害的美国公司，虽然是婚礼网站，但是全美排名第一。7月的北京，我穿着衬衫和半身裙假装很职业地去“爱结网”面试，然后发现我老板穿着T恤和牛仔裤。在经历了两轮关于工资的讨价还价后，我加入了“爱结网”。再后来，瑞可利的许多同事为了有更广阔的发展平台，陆续都来了“爱结网”，也包括盈盈。于是，我又开始有了每天靠盈盈显白的生活。

我之前一直是做编辑，拍片、写稿子，写稿子、采访。在我结婚前，也采访了100多场婚礼吧。婚礼上打动我的点很奇怪，有时候，站在台下黑暗的角落里，莫名其妙地就哭了。有时候看新郎号啕大哭扑在新娘肩膀上，反而就希望这段快过去。再也写不出新东西报不出新选题时，我开始转做市场和活动。

PLATEAU
made by
OZ
커피의
새로운
문화를
만든다
문화
다방
900원
LUXURY

每每我回忆起做过的活动的时候，除了无数的婚礼秀，我印象最深的就是第二次“爱结婚礼潮流趋势发布盛典”，当时的助理小瑛给我打电话，我俩抱头痛哭。活动第一天，下雨，场地从原本宽阔的户外换到了室内帐篷，晚餐人数估计错误，一个晚上大概说了这辈子最多的“对不起”。终于结束后，我们就去了花家怡园，用麻辣烫、小龙虾和健怡可乐发泄了所有悲伤。

2014年，我又换了工作，去了涵碧楼。我被酒店的惊人美丽所折服，我也第一次从乙方变成了甲方。经历了大半年北京、青岛来回跑的颠沛流离生活后，再美的海景也疲倦了，于是后来，我终于失业，决定成为一个彻底只靠自己的淘宝店主。

谢谢31岁生日那年，陪我在海边放烟火的人。有时候，在机场、在路上，甚至之前我在卖婚宴的时候，有人叫我一句“小张老师”，或者问我“你是不是有个淘宝店”，虽然我当下惶恐，不好意思，但是内心都有些小窃喜。毕竟人一生会遇到约2920万人，相识的概率是0.0000005，那么希望我们一定不辜负这段相遇。

Elephant and Giraffe发展到现在，每天都有新的成长。我也有了自己的小小团队，然后按照自己理想中的样子找到了工作室，并好好设计它。我们的Logo里那个戴着皇冠的大象，就像是只要你肯努力，就可以为自己加冕。

我的命盘一直是“劳劳碌碌皆辛苦；兢兢业业得天下，若想安逸全盘输”。我也想过那种安逸的日子，可又禁不住内心想折腾。也许，我没有特宏伟的目标，能做出更多好看的衣服，做积极向上的“小脏”，保持和你们的互相喜欢，就能这样一直非常喜欢。

“只要你肯努力，就可以为自己加冕。”

一个伪装文艺女青年的日常

《晓松奇谈》里高晓松老师分享了他作为一个文青的日常生活。很多朋友对我的定义也是一个文艺的女淘宝店主。所以今天我就来讲一下，我作为一个伪文艺女青年的日常生活。

干活

干活就是工作。我们的工作包含脑力和体力，所以我总喜欢说自己是在“干活”。这两个字说出口，就有种挥汗如雨的满足感。

工作时间是不固定的，有时到了半夜我还在看图、做产品规划。我原来很讨厌深夜12点一直在群里聊工作的老板，没想到我也变成了这种人。我不要求同事们即刻回复，只是如果我当时不说，我就忘了。

因为要写上新推送，一旦觉得某个主题不错时，我都会在备忘录里先记一笔。有时候，我会梦到我该做某款衣服，它一定可以大火，但醒来后又想不起来它的样式，真是痛苦极了，觉得自己又要错过赚大钱的机会。

吃饭　会友

吃饭有两种，一种是自己吃。

自己吃的时候，一般点份米线、麻辣烫，搭配哈哈镜，蹲在椅子上边看片边吃，度过愉快的、见不得人的两小时。

另外一种，是和朋友约饭。但最怕的是和同席的人聊不起来，饭又难吃，真是人生一大苦事。约饭是我们必不可少的社交方式，多少互相利用的友情都是从一顿饭开始。头开得好，友情也会发展得特别顺利，吃到一起很重要。

看书　看电影

我很喜欢去电影院看电影，看电影的过程不喜交谈。但最近我几乎没看什么电影，觉得特别懊恼。《我不是潘金莲》上映之前我看了它的原作。据说电影和书情节差不多——都是出于一个简单的原因，一个人展开了一系列故事，所以我很快就把书读完了。后来，我开始看《一句顶一万句》，这本书看得有点久，书里出现的人物太多了，我老是看着看着就混了。

我定期就会从亚马逊上买一堆书，也喜欢逛书店，看到中意的书时立刻下个单。买的动力远远大于读的动力，所以很多书到现在都还没来得及拆封。

最近有点剧荒，我开始看韩版的*The Good Wife*（《傲骨贤妻》）。由全度妍主演，剧情也基本照搬美剧，精彩度少了很多，十分一般。

买绿植

最近我陷入了一个奇怪的消费黑洞——买绿植。自从买了一盆仙人掌后，我就开始迷恋各种能放在家中的树。我没有养植物的天赋，看着我的黑金刚3天就开始掉大叶子，我的心每天都在滴血。但我还是坚持买了放在厨房、卫生间等各处的植物。看到北欧风家居的图片，总以为自己买了植物摆进角落，自己的家也就那么美了。

逛商场

身为一个卖衣服的女淘宝店主，购物是我生活不可或缺的一部分。我购物的频率不算高，一周大约一次。逛逛街，感受一下外面的时尚气息，激发一下自己更努力的潜在意识。橱窗里好看的衣服太贵了，而大部分便宜的衣服都不太好看。唯有自己好好努力。

我买得最多的是配件，比如围巾。

其实，我的生活和你们每个人都一样，都是柴米油盐。所谓文艺，只是某一时刻，因为外界的人事而迸发出来的情感，它们激发了我对生活的敏锐感受。情诗千首，明月当头。

“‘干活’这两个字一说出口，就有种挥汗如雨的满足感。”

“土包子”也有春天，看一个女生如何十八变

女朋友简宁在朋友圈发了一组照片，她说，这一年，开始吃香菜、芹菜和胡萝卜，觉得面和饺子很好吃；知道要用天赋和努力换运气；接受自己只是芸芸众生中的一员；很多东西一路走一路丢，心越来越小，也越来越大；而我想要的都在身边了；希望明年的时候，我爱的你们都还在，不走不变。

我没仔细看其他八张照片，因为那都是我熟悉的她的样子；我只是被她小时候那张照片震惊了。我“小窗”问她，那小孩是你么？

傻白羊一如既往地“哈哈哈”回复我：“精彩不精彩？”接着又发了四五张童年照给我。我盯着那些照片，感觉自己就像《疯狂动物城》里的闪电，几分钟后终于在房间里爆发出了一阵笑声。

我说，你小时候是“土包子”么！

照片的拍摄年代是20世纪90年代初，她生活在大城市青岛，怎么都不应该是照片里的模样。

她说，她4岁以后跟着姑姑生活，姑姑是个无比动人的美人儿，她的世界观、价值观、审美观，都是在和姑姑一起生活的时候养成的。她又给我发了一张18岁的照片。

我说，你确定你姑姑没偷换一个小孩么？其实我并不相信女大十八

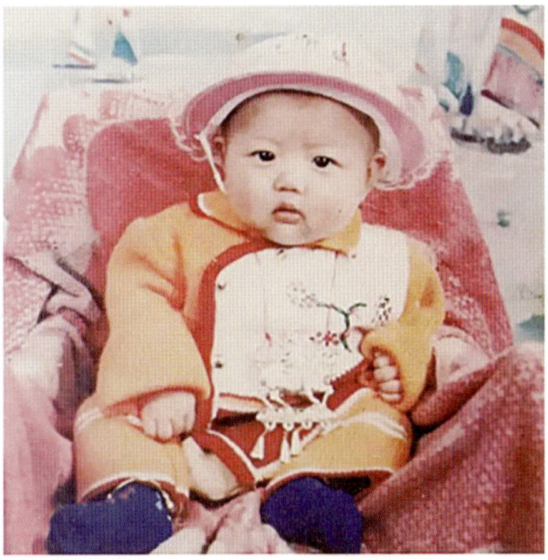

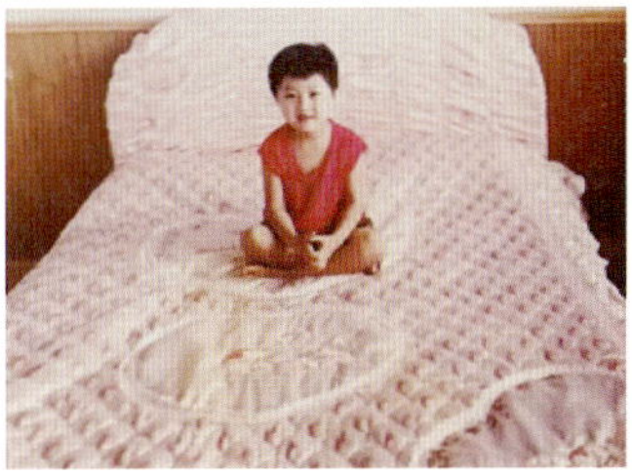

变的故事，小时候长得好看的人，长大可能长裂吧，但小时候不太好看的人，长大变成真美人，也太难了吧。简宁是第一个活生生地抨击我的例子。我震得下巴颏儿都快掉下来了。

果然像范湉湉说的，“每个女人都是一口深井，你来挖我啊”。

之前，我去过北京交通广播电台录节目，话题是“为了爱情，你愿意冲破多大阻碍”。我在节目里引用了简宁的一些话。以前我们聊过关于爱情的痛苦和快乐，她说，终归是为了那些快乐，才可以忍受那些痛苦。如果光有痛苦，谁愿意生活在深渊里呢？

不单是爱情，世间的所有事都是共通的。因为有痛苦，快乐才显得更珍贵。收获得不容易，我们才需要去努力。因为小时候是“土包

子”，所以要好好保持仙女的现在。

我看到好看的姑娘，总是忍不住喜欢的。对简宁也是这样一种感情，其实她对我来说算是小朋友，当我是个堂堂正正的高年级小学生的时候，她才幼儿园毕业。可我们是如此合拍。

我们都最喜欢绿色，喜欢买包和鞋，喜欢逛COS和ZARA，而且神奇的是能挑出好看的衣服；都喜欢喝到微醺，走到寺庙里就是求发财。能成为好朋友，审美的一致性非常重要。

简宁基本拥有傻白羊的一切特质。好话不多说了，不好的就是没脑子。一些事情和她说了很多遍，她也不一定记得住。有次我请她帮我寄快递，寄了一个月，她忽然和我说地址写错了，误寄给了北京的客户，人家又给寄回青岛了。还有一次，简宁和我、菲姐一起吃火锅。她吃完了火锅满世界地找眼镜，怎么也找不到，后来她一抬头，我说宝宝，你脸上是！什！么！

我不想再举例了，这世界上只有三件事能让简宁特别走心——买包、挣钱、爱情。所以你们放心，她对待客户绝不是“健忘”的态度，我立志有天要做她的客户，好好折磨她一回。

我很爱她，爱她如花的容颜，还有能逗我开心的本领。我相信，她这样的女孩未来好多年都是行大运的，所以我想，巴结好这样一位朋友总是没错的。请你继续喜欢我做的每件衣服，我去赞美你的每场婚礼。当然，我们都是特别发自真心的。

有时候，人会因为巧合而对另一些人产生好感。简宁和我一个高中同学是同一天生日，那是个乐观温暖的男生，所以，我觉得温暖的特质也会出现在简宁身上。果不其然，我们第一次做婚礼秀，两个人在酒店大堂吧昏暗的灯光下，靠着从吧台拉出的接线板连上电脑，她串流程、我写主持稿。晚上10点30分，我们一起喝了香槟，庆祝我的31岁生日。婚礼秀第一天结束，我俩奄奄一息地靠在宴会厅的角落，光着脚喜极而泣，高跟鞋已被扔在一边。

为那些一起有过的奋斗，为那些可憧憬的美好未来。

“因为有痛苦，快乐才显得更珍贵。收获得不容易，我们才需要去努力。”

CHAPTER 3

疲惫生活里，一蔬一饭

不死的欲望。

全世界你最好看

我和赵若虹相识那年，她34岁。这些年，不论风吹雨打、世事几经轮回，不管人生发生了什么际遇，她的脸都越来越好看、越来越年轻了。在我的潜意识里，她的年龄一直冷冻在我初识她的时候。

我曾经不太喜欢上海人，这种不喜欢是与生俱来的，就像有小部分上海人排斥外地人一样。赵大王（赵若虹）是土生土长的上海人，她说话更是嗲得不要不要的。刚见她那天，她穿了件酒红色的小裙子、小靴子，戴着米色的贝雷帽，完全是放大版的童话小公主，笑意盈盈地飘进三里屯SOHO 。

那时候，我们每周二的早上会遇见她。她最喜欢说："你今天穿得真好看呀，你怎么这么会穿！"刚开始她这么夸我的时候，我还是有些高兴的。后来我听她夸盈盈是小兔子，我就想，唉，果然是典型的上海人。

但是，后来的后来，等我和赵大王真正成为好朋友，我才发现她夸人的时候是真心的，她是真的觉得我们好看。只是她那个口气，让我不能一下子和她做朋友。

我们的友谊是睡出来的。

有一次我们一起去三亚出差，我带她去做婚礼趋势发布，在12

月阳光温暖的亚龙湾，我们在舒适的万豪酒店睡了两晚，等回到北京，我们就好上了……如果我去上海出差没地方住，就可以住她家。

后来，我们都变成了自由工作者。

她常常不知道买什么衣服，却对高跟鞋情有独钟。我们年纪都大了，都想找一个可以一直做下去的事情，而不是再在公司里周而复始地上班——在公司里，很多事情不是努力了就会有结果。后来，赵大王有了73Hours高跟鞋的事业，而我有了Elephant and Giraffe。她是我人生的一道光，我能开创这份事业，都是因为她。

她比我勇敢，在卖起高跟鞋的时候大刀阔斧。她不仅做了线上店铺，还开了实体店。她那坐落在巨鹿路的独栋小楼承载着她的思想，从一层到三层都如梦如幻。她南下广东、远赴意大利，寻找各种厉害的合作伙伴。真的有无数姑娘飞到上海，第一站就去73Hours的鞋店。她们提着印有73Hours标志的玫红色圆盒子，得意洋洋地穿梭在机场，坐飞机回到自己的家乡。

赵大王是打不死的“小强”。从我们共同做活动起，我就认识到了这一点。没有什么事是一帆风顺的，我们唯有沉下心，去攻克一个又一个难关。

比如，在某场活动上，嘉宾忽然来不了了，我们就陪着笑脸去讨好其他人；门票卖不出去，她就去全国各地做趋势发布，想办法扩大宣传力度。做73Hours后，从款式到版型，工厂验货、拍片，每一件事她都亲力亲为——她坚信只有了解每一个环节，才能更好地去解决每一个问题。

在上海，许多人都是看着赵大王的情景喜剧长大的。有些热心网友会翻出她在电视剧里的剧照，和今天的她作对比。她就是“女人要美丽，就要不断努力”的最佳例子。

我们看到她在人前妖艳、吃肉喝酒，也知道她每天坚持跑步一小时，晚上再做一次热瑜伽，偶尔还找印度教练Justis带她训练。她有时也会通过大哭释放情绪，但只要她在朋友圈说一句辛苦和累，就有无数女朋友扑上去给她“抱抱”。她是我们人生的励志劳模，我们看着她、跟着她，一步一步地努力。

真的，赵大王，全世界你最好看，你要继续像明灯一样，我们都以你为榜样。

“女人要美丽，就要不断努力。”

你是我飞行的目的地

纵观我的航旅记录，从注册到现在，已经打败了全国99%的用户，飞行公里数已经相当于我绕地球飞了几圈。

我对机场已经相当熟悉，几号登机口有星巴克，几号登机口有赛百味，几号登机口有书店，我记得清清楚楚。我曾经一个月飞了8趟，感觉机场就要变成我除了家和工作地点以外去得最多的地方。

赵小姐原来和我是同事的时候，每周二到周四会从上海来北京出差。早上10点我走进办公室，她已面带微笑地坐在办公桌前，妆容精致、衣服好看。她说反正失眠，不如乘早班飞机来，早班飞机还不容易误点。

飞得多了，我的心也大了起来。1小时以内的延误、飞机没有廊桥，这都不叫事儿。我最害怕的是赶不上飞机或滞留机场。我这个人有个缺点，就是容易迟到，去机场也总是卡点儿。但机场高速在高峰期经常会拥堵，有时我6点出门，本以为会一路畅通，却晚到了1分钟，飞机飞走了，需要改签；下一次，我长了记性早些到达，却在机场足足等待了1个小时。

我有两次滞留机场的经历。

第一次是在青岛。那时我们已登机1个多小时了，按常理来说，都该飞到北京了。但飞机一直有故障，在维修，通知了三五次之后，工作人员终于放弃了，说修不好了，今日的航班取消，当时已是夜里12点，在飞机上焦躁不安的人们不得不从飞机上下来，退回登机口。航空公司就近安排了酒店给大家睡觉。两人拼房，需要和陌生人共处一室。那会儿，我心理不够强大，抱着电话和盈盈哭了1个小时。后来哭累了，也就在宾馆的小硬床上睡着了。第二天一早，我换了航班好不容易飞回北京。

第二次是在深圳，北京大雨。有了前车之鉴，机场通知航班取消的时候，我就选择去酒店休息了。

每次飞行的时候，出发总是好的。因为我们带着目的，迫切地想去往一个地方，见一个人或者做一件事。但归程就没有出发那么轻盈了，它意味着旅程的结束或者告别。

我迷恋的木村拓哉，年轻时演过一部叫*GOOD LUCK*！！的日剧。在剧中，他是年轻英俊的副驾驶员，梦想成为真正的机长。他和技师柴崎幸以飞机为媒，演绎了一段浪漫爱情故事。这部剧播出以后，引起了日本年轻人考飞行员的热潮。

我靠着这些夜以继日的飞行攒出了东航的金卡，对我这种常常被命运之神砸中脑袋的人来说，有个贵宾休息室是多么重要。我还贪恋里面的健怡可乐，每次可以喝一罐，再偷偷带一罐上飞机。

我希望未来要乘坐的每一个航班都可以靠谱地、安全地按时飞行，每次飞机降落，我都可以等到翘首期盼的你。

“每次飞行的时候，出发总是好的。因为我们带着目的，迫切地想去往一个地方，见一个人或者做一件事。”

疲惫生活里，一蔬一饭，不死的欲望

后来，我很讨厌杜拉斯的那句话。

“爱之于我，不是肌肤之亲，不是一蔬一饭，它是一种不死的欲望，是疲惫生活中的英雄梦想。”

我喝了两天的蔬果汁断食，英雄没有了饭，肚子咕咕叫，哪怕再有梦想，也没有力气实现。本来，我每天有3个小时可以找个华丽的餐厅或喧闹的小饭馆，好好地和食物一起度过，但6瓶蔬果汁承包了我的一天，那些节省出来的时间变得空虚难过。

菲姐家有大螃蟹，据说是千年老妖螃蟹精，她说等我回去就做螃蟹火锅给我吃。我说好好好，吃了以后我可以变妖精么？她说试试看呗，看你吃完东西是否横着走。我说我好想变成大妖精，然后去抓唐僧。

她说，作为亲姐妹，我叮嘱你两句：第一，抓唐僧可以，抓之前先把菜谱研究好，别抓完了再想是炖是煮；第二，千万别爱上孙猴子，更别等他来。我问她为什么？她说孙猴子爱唐僧，你抓唐僧猴子会打你。你夹在中间受苦，不如痛痛快快地吃唐僧肉。我说，妖精也许觉得有些事比长生不老更重要。菲姐说，这就是悲剧产生的原因。

我和自己打赌，我会熬过蔬果汁断食这3天。我也知道，就算过了这3天，我变瘦的目标也不一定能实现。我们做很多事，很多时候就是为了证明自己可以坚持。不是为了瘦，而是想看看自己的意志力能到什么程度。

有段时间，我每天最欢乐的时光就是下班回家，对着电脑吃“哈哈镜”，看《康熙来了》；后来我开始健身，戒掉了晚饭，只准周末偶尔放纵一下；再后来，我的身体抵抗力差了，我又开始了胡吃海喝的生活。到今天，距离上一次跑步已经有1个月21天了。看到这个时间，我自己都惊讶了。时间就是这么被荒废的。

每次为产品拍照的前一天，如果我控制得

住，我会少吃一点晚饭。当天早上先喝不加奶的咖啡、不吃东西，直到拍完片为止。所以你们看到照片上的我，始终觉得我很瘦，但那并不是日常的事实。

礼拜一的早上我称体重只有80斤，午饭吃了一份桂林米粉、一份酸豆角炒饭，晚饭吃了一份抄手、一份小面，回家再称就是86斤了。瘦是我自己建立起来的，胖也能被我自己摧毁。

吃饭，对于我国人民来说不光是为了填饱肚子。

好多悲欢离合的事儿，我们都喜欢在餐桌上解决。

高兴的时候，人们要吃好的庆祝；不高兴的时候，需要靠食物来缓解难过。不管贫穷或富有，能和你分享食物的人，都对你有着珍贵的感情。

关于吃，我最喜欢的一部电影是李安的《饮食男女》。电影开始是老朱在厨房做饭的场面，晚饭维系着全家的和睦，老朱做的饭像饭店的一样讲究。关于热爱有一百种表达，它们都可以通过食物传递。

饮食好比人生。你是千堆雪，我是长街；你是一封信，我则是邮差；你是驴肉，我是火烧。

食色性也，我们都是饮食男女。

以前我总怕被人说世俗。有个朋友说她自己是个审美相当世俗的人，她喜欢20世纪八九十年代的港片、《康熙来了》、可口可乐、深更半夜的“7-11”和LAWSON、鸳鸯火锅、《傲慢与偏见》、漫威的英雄电影、现代化的卫浴设备……所有这些琐碎世俗的小细节，都充溢着家长里短，令人安心。它们构成了生活中恒定不变的一面。

我这个朋友叫马李灵珊，她看到《康熙来了》停播的消息后，站在大街上哭得一塌糊涂，仿佛失恋。我也跑去看了她采访小S和蔡康永的手记，潸然泪下。

其实我不看《康熙来了》已经很久，因为觉得它没有原来那么精彩了。可当我们已经习惯拥有某些东西时，只有它在那儿我们才安心。

叫作“梦想”的东西可以有，但没有它也能活。

疲惫生活里，吃饱穿暖睡个好觉比什么都强。

我不想有太多英雄梦想，我想要一蔬一饭、熟悉的节目和肌肤之亲。这些才是不死的欲望。

“饮食好比人生。你是千堆雪，我是长街；你是一封信，我则是邮差；你是驴肉，我是火烧。”

拥有值得回顾的过去

人到中年的时候，特别愿意回忆过去。去年的今天我在做什么，前年的今天我在做什么，10年前的今天我在做什么。

2008年汶川地震，当时我每个月拿到手的钱大概4000元，根本不够我瞎吃乱花，发了工资基本都还信用卡。一天下午，我在MSN上和同在建外SOHO上班的真小喷聊天，我们决定一起捐点钱。在我们楼下的建设银行，我们一共往红十字会的账号里汇了1000元：我出了200元，在外企咨询公司上班的真小喷出了800元。

母亲节的时候，大家都在朋友圈里晒照片晒礼物，我想起来，我第一次过母亲节，是高一那年。

那会儿还不是很流行过洋节，感谢我的高中老师，当时用了一个特别的方式，教我们过了这个节日。老师租了两辆大巴车，带所有的同学和同学的妈妈一起去了水库春游。先开家长会，老师、学生代表和家长代表发言，主旨是我们步入高中，应当如何在老师和家长的帮助下好好努力，将来考取好大学。这部分日程结束以后，学生和家长被分组，烧烤和做饭。那个5月的周日，阳光特别好，在水库的徐徐小风下，我们度过了非常美好的一个下午。

那会儿，虽然我们生活在小城市，可也觉得自己挺时髦的，我们的男同学抱着录音机，大声地放着动力火车的第二张专辑，大家在堤坝上一边走，一边大声唱。

我们每个人的生活都有别人不了解的那一面。准确地说，别人看见的只是我们展示出来的一小面，而更多的，都藏匿于自己的每一天里。

《北京女子图鉴》看完了，对于我们这样生活在北京的人来说，这部剧有很多让人吐槽的地方，但是确实能激起一些共鸣。只是当下经历每个阶段的时候，不能如电视里所演的那样轻描淡写，更多的是“要死要活”。但是实际上过去了，再回首，确实也不理解当时为什么要较那根筋儿，为什么就过不去。

有时候，我们用视而不见掩盖伤痛。有时候，我们会避免过度思考。这些都是坚毅的方式。我们是渺小的人，宇宙那么大，如果把自己置身于宇宙之中，就能更宽泛开朗地生活。自我激励和修复，是随着年龄的增长一点点学会的。

请在更有价值的事和人上去投入自己。

“别人看见的只是我们展示出来的一小面，而更多的，都藏匿于自己的每一天里。”

向着那梦中的地方去，不怕旅途多坎坷

1985年，有个新加坡电视剧叫《人在旅途》，那是我们很多同龄人第一次看的新加坡电视剧。现在，大部分人都忘了剧情，但主题歌却一直耳熟能详。

旋律一响，忍不住就跟着唱：

“从来不怨，命运之错，不怕旅途多坎坷。向着那梦中的地方去，错了我也不悔过。……我不怕旅途孤单寂寞，只要你也想念我。”

2016年10月10日这一天，我回到了出生和长大的地方，我国遥远的大西北。我们走过学校、幼儿园、医院、曾经住的楼房，大部分地方都变得陌生起来，旧的地方建起了新的房子。

只有学校还是如故，我们走进教室，看着黑板桌椅，当年的往事历历在目：考试、家长会、上课写小纸条、在老师办公桌前的罚站。纵使当年并不全是美好，一旦它们变成记忆存储起来，就像是镀了一层金，闪闪发光。

校长已经白发苍苍，但还是熟悉的音调，他笑着问我们，小时候的梦想都实现了吗？我们互相看看对方，只好打哈哈一带而过。我们大约都没成长为自己想成为的那个人吧，就像我们也没料到毕业之后，有些人就消失在茫茫人海，再也不见。

年少无知，年少轻狂。年少的时候，我们知道人生的旅途还太长，所以不怕拥有、不怕失去。而当人到中年，身上负重了靠辛苦换来的感情和金钱时，就开始什么都害怕。小的时候，我们幻想未来，幸福就是无限的可能和不确定。年纪越来越大，我们拥有了越来越多的经历和回忆，幸福就是想起过去的时候我们带着笑。

想不到的坏事会发生，憧憬过的幸福却不一定会出现。

这就是人生。

亦舒的《圆舞》里有一段话：“我的一生，像是受一个男人所控制，使我不能自由投入别的感情生活，不过我与他之间，却没有怨怼愤恨。

我们深爱对方，但他既不是我的配偶，又不是情人。这一段感情，长而劳累，却不苦涩。”两个人从来没有用力抓住过彼此，只是尽量制造共舞的机会。这也许是最浪漫的关系。

这也是人生，越是在乎，越是想抓住。

面对海的辽阔、山的雄伟，看到因风蚀而成的千年自然景观，我们都会觉得自己渺小。微不足道如我，想去用力

爱，想去抓紧，想要多听多说，想要在有限的时间里有更多回忆。

初一的时候，我特别喜欢周华健。寒假参加冬令营，我在张家口中学门口的音像店里买了刚上架的《爱相随》。有次我和盈盈去韩国，一天晚上，我们走了好多路终于找到一个大排档，和中年大叔们坐在一起，吃了猪蹄炒年糕，喝了点酒，一阵春风吹来，我突然想起，“若不是因为你，我依然在风雨里，飘来荡去我早已经放弃，怎么相信爱情，我怎么拥有你”。我在春风里唱着，有点儿走调，“一生一世的心注定是为了你”。

突然一个瞬间，最希望的是你能懂我的惺惺相惜。

“现在我只有一个要求，就是好好活着。勇于献出生命，勇于接受生命，勇于为生命所伤，勇于感受生命之美，敬勇气，吾爱。”

——英格玛·伯格曼

“面对海的辽阔、山的雄伟，看到因风蚀而成的千年自然景观，我们都会觉得自己渺小。微不足道如我，想去用力爱，想去抓紧，想要多听多说，想要在有限的时间里有更多回忆。”

关于头发，不要轻易做决定

我想，男人是永远无法理解头发给女人带来的纠结的。我每次拍片不顺利，都是因为头发没弄好。头发好看，穿什么都好看；头发弄得不好，穿什么都不对。我最近也在为我的头发苦恼。关于头发，我有一些心得体会，急切地想和大家分享。

先来说四个不要轻易做出的决定：

剪头发

从好几年前起，真的，我都记不清几年了，我就下决心要留头发。初三的时候，我们迷恋一部叫《热力十七岁》的日剧，从那时开始我留的就是女主角内田有纪的男孩子短发，也就是早期的“郭富城头”。到了大学，我扎了一段时间的马尾，后来又剪回去了。上班后，有好几年我也是那个发型。短发的好处是易打理，洗起来方便。但拥有海藻般的长发一直是我的梦想，所以好几年前，我下决心留头发。

蓄发的过程是漫长而痛苦的，要经过几个很尴尬的阶段。为了每个时间都好看，在这过程中，就少不了染和烫。我常年染发，发质很差，湿头很难吹干。后来因为燥热，我把好不容易蓄到脖子的头发给打薄了，于是披散着也不是，扎起来也不是。

我们工作室有个年轻的小姑娘，最开始是很可爱的梨花头，后来她想改变自己，就去剪了“刘胡兰头”。天气热的时候，我们看着她的头发都热，就鼓励她去修修头发。我随嘴说了一句，你干脆剪短一点吧。于是，正找对象的小姑娘当真把头发剪了，成了一个假小子，原本就不太多的温柔气质更少了。她愤愤地说，在我头发长长之前，你们不要给我介绍对象，不要给我拍哪怕一张照片，我要假装没有这个阶段。

庄老（庄雅婷老师的简称）和我说过一句话，她说，不要信那些让你剪短头发的人。短发美女，长发一定都更美的。

剪刘海

你仔细想想，除了你自己，是不是总有女朋友隔三差五地问你，我要不要剪个刘海？还总有那些公众号，它们经常推荐一些文章，比如《有了刘海，这些中年女明星一下变少女》。刘海不是不好看，但是刘海不能持久。剪完刘海，最好看的阶段只能维持那么两周，剪得太短有点傻，太长了又有些扎眼睛。

剪刘海只需5分钟，有时两三分钟就出活了，但蓄刘海真是个漫长的过程。像我这样头发长得慢的，更加悲哀。

漂头发

我喜欢偏冷色的棕色系头发，无奈天生头发黑，想要冷棕或有点

灰绿的颜色，就要把头发漂过才能上色。但是新长出来的头发又是黑色的。每当发根有超过1厘米的黑色，我就很难受了。所以，我拥有浅色头发的那段时间，大概每一个半月都要折磨一回自己的头发。以至于发质变差，我不能再烫头发，只能靠卷发棒为生。

长期染发，新发色能保持的时间特别短。洗头越频繁，新染的颜色掉得越快。一般10天后，我的头发就会变得枯黄。我很羡慕我的朋友简宁和袁梅，她们天生头发黄，烫过几次就有了我要染很久才能出现的棕色，而且新长出来的也是棕发。

染发是个无底洞，像我一样天生头发黑的姑娘，如果不想受折磨，就接受上天给我们的这份礼物吧。

染黑色

这是由上面一点承接来的。对于棱角不分明的大部分亚洲人来说，一定是棕发更洋气一些、更好配衣服。你看日本姑娘大多都是栗色的头发。当年，我和小兔子一起去东京的时候，我一头乌黑的短发一直被她嫌弃。

但我厌倦了发质不好的染过的头发，就想一劳永逸，把它染回黑色。我告诉发型师这个决定之后，他再三和我确认："染可以，但你短时间都别想改头发的颜色了，染黑的头发是改不回来的。"

怕自己染黑了后悔，我干了两件事：先请摄影师帮我P了一张黑发照片看看效果。觉得还不错以后，在发型师的指点下，我买了一瓶黑发喷雾，带着喷雾去理发了。我先请发型师帮我全头喷完，实际效果还行，我就正式把头发染黑了。

染黑的道路没我想的顺利，头发还是会掉色，差不多要补染2~3次，黑色才能维持住。可女人总是纠结的。黑发半年后，每每看到日本杂志上的棕发美人儿，我又有些心动。不过，只能偷偷一想。

其他建议

我是比较支持烫头发的，烫发容易打理，对于每天着急出门的上班女性来说，更应烫发。卷发也比直发更容易做造型。如果烫的卷比较小，把头发披散下来后，还可以用卷发棒做成大卷儿。你们觉得我比较好看的发色，是冷棕色，是理发师自己调出来的，好像是在棕色里加一点点绿。

我现在的头发，如果扎马尾，一般会抓出前面少许刘海，然后把马尾扎高。卷头发的时候，一定要把头发吹得很干，这样比较容易上卷。用偏干的发蜡抓一下，更有蓬蓬感。

如果你们看到我频频戴帽子出现时，就是我又搞不定自己的头发了……

"不要信那些让你剪短头发的人。短发美女，长发一定都更美的。"

干杯！敬这有酒有肉的人生

壹

我特别喜欢ONE APP里姬霄的一篇文章——《新年愿望》，结尾有段话：“年近三十的我才后知后觉地明白，人要有一些能实现的平凡愿望，和一些例如称霸世界这样的神经病志向才更有趣。那些远大的志向不是为了让你去实现的，而是你为自己人生制造的灯塔。如果没有目的地，这浑浑噩噩的漫长人生，真不知该怎么度过啊。”

转眼间我自己创业都几年了。

从辞去工作到现在，每一年都发生许多事情，大的小的，我的你的，每个人的人生都有了一些奇妙的变化。因为有了目标，那些疲惫的阶段也渐渐清晰明朗起来。

愿你每一个发亮的日子里，我都是你身边最亲密的伙伴。

贰

我们总因为生活中的一些巧合而获得小欢喜。比如，我的店庆日是罗懵懵的生日，因此我再也没有理由忘记她的生日。我想要一双DIOR的高跟鞋，在接近40℃的香港，罗懵懵揣着钱走了6个小时给我找鞋，虽然以没有适合我的尺码而告终。她去之前，我随口说了一句你路过DIOR的话，就帮我看一眼。她却愿意花金子般的时间为我找一份欢心。

之前我常驻青岛。那时酒店还没正式营业，她拉着两个朋友到青岛度假。她来的那个周末餐厅恰好在整修，连个吃饭的地方都没有。她白天去市区，晚上就打包海鲜饺子给我。大堂吧的姑娘都记得，我有个朋友让他们用微波炉热饺子，还要拿一碟醋。姑娘还记得我有个朋友，自带了黄桃罐头在大堂吧矫情地吃。

别人向我问起罗懵懵的时候，我会说她是移动的大众点评，移动的手机通讯录。这世界上好像没有她不知道的好吃的、没有她不认识的人。我和她说，你去中环吃蛇王芬的香肠啊，好吃极了！她悻悻地说早就吃过了好么。我们每个人的朋友，串着串着，都能归到她这。我羡慕她的社交能力，她却说自己也很怕出去见人，每次出门，她都要做许久的心理建设。可是她一旦到了人前，人话鬼话都说得特别溜。

她1.7米的大高个给我拍照，总是要蹲下。她总是在莫名其妙的时候，给我拽过来一张图片，没有一句文字，而我能迅速找到她的点。

“曾经共舞，是我毕生快乐。”

所以，罗懵懵同学，从今天开始，愿你张开双臂，迎接突飞猛进的成长。专注你所长，在最好的岁月里，意气风发。

罗懵懵的文字：

我们可以很久不见

你突然出现在Kempinski饭店

你说我带你吃的友记

烤鸡贝、佝偻虾

牛肉多汁带筋

我们再相见

我说去龙景轩

你白了一眼说大班楼雕花蟹更甜

文化饼店

用甜点打发时光

不思量

我们讨论那些仪式的细枝末节

我兴奋得脑中像跑马灯跳线

你为我写了30岁前最后一份案子

虽然你患了ADHD

拥抱着去流露一起钦慕

然后接受你的较好在台上未停步。

叁

我之前参与过《陆垚知马俐》这部电影的拍摄，仔细盯着屏幕一个镜头都不错过的话，大约可以在里面看见我的后脑勺。我喜欢所有对爱情执着的故事，不管男追女还是女追男。精诚所至，金石为开。这部电影就是这样一个故事。

拍摄的那个晚上，上海特别热。我躲在片场后面的洗手间，用只有一格信号的手机，和朋友打了电话，然后鼓起勇气努力演好一个客串的角色。在镜头前面，我超乎寻常地胆怯和笨拙。好在坚持了1个多小时，终于完成。

肆

小时候，我们肯定都写过有关理想的作文。我认真想了好久，也想不起来当年的理想是什么。或许，我写下的并不是我真的理想，所以这30多年一过，我就不记得了。后来我想过好几回，如果没有生活的压力，不用努力去赚钱，不用崇高和伟大，那么，我的理想，其实，就是一名售货员，卖衣服的售货员。这种想法在什么时候产生的呢？就是我和女朋友一起逛街的时候，她们共同发现我有说服人买衣服的本领。

大学的时候，我们宿舍有个老实的云南姑娘，每次我们邀请她逛街，她都拒绝，说不要乱花钱。那时候，我们是上下铺，每个人都有一个可以收放在床上的小桌子，我们可以在那上面写作业玩电脑吃饭。每当她说不出门，莫妮卡和我就会把她围在床上，拿出一张纸铺在桌上，说，你这个月还有多少钱，我们帮你算一下。除去吃饭、买水果、买点日常用品，你还有好几百呢，你看看，可以和我们上街吧，可以去买衣服吧。

这个姑娘每次都被我们带着去了，我们在东四隆福寺烫爆炸头老板娘的潮店里，一边看她试衣服，一边说：“你看，多亏你和我们来了吧，这件衣服你买了就可以穿一整个冬天。”

我劝人买衣服的时候特别真诚。会描述有哪些场合可以穿这件衣服，这件衣服可以和什么一起穿。他们看到利用率这么高，最后基本上都成交了。后来，我仔细想了一下，我之所以这么热衷于这个事儿，大约是我自己太爱买了，自己花了钱，别人也一起花了钱，自己就没有那么深的罪恶感。

女朋友去埋单的时候，我还有一种骄傲的成就感：我的意见起了举足轻重的作用，我的参与让她变得更美丽。走在大街上的时候，看到一些姑娘穿得乱七八糟，我心里总是默默感叹，好想帮她们重新买一个衣柜，特别是那些底子好却又乱穿衣服的姑娘。我在想，要是我帮你造个型，那就可以比拼那些在机场街拍的明星。

现在世道很好，太平安稳，我们可以大声说出自己的理想，比如我现在就是想做衣服，卖衣服，赚钱，花钱，然后再赚钱。这是大多数人的平凡梦想，并不会有人嘲笑我太市侩，嘲笑我没有远大抱负。

所以感恩，我现在就是一个卖衣服的，我特别幸福。

“因为有了目标，那些疲惫的阶段也渐渐清晰明朗起来。”

时光难留，喜欢就别放手

小时候，有个特别喜欢我的男生。那会儿我们小学毕业，等着变成中学生。

我还记得第一次见他的场景：一个暑假的傍晚，晚饭后，照例是楼前楼后一堆小孩出来玩儿的时间，那天他也来了。他并不住在我们家附近，但我们生活的地方太小，所谓的远，走路也就5分钟。

他皮肤特别黑，那天穿了一身白衣服，于是显得更黑了。而我从小就是个黑姑娘，因为黑，所以特别喜欢和白的人做朋友，好像能中和一点儿肤色似的。所以，一开始，我对这个新伙伴是抗拒的。特别是后来听说他对我一见钟情后，我就更加排斥他了。那时幼小的我很怕别人说，“黑的人还和更黑的人玩儿”。大学时候选修网球，老师说，“打得不好的同学就不要和打得更不好的同学一起练习了”，这句话使我心里留下了永远的阴影。

我不喜欢他，但他却渐渐变成了我们其中的一员，我们一起打扑克、打麻将、捉迷藏。后来我们上了初中，他常在我必经的路口等我上学和放学。和他在一起很开心，可即便情窦早开如我，也一直不对他心动。

他是白羊座，从他身上我才知道，白羊座还挺能坚持的。后来我们上了高中，我们班单人单座，高如他、矮如我，他硬是以视力不好为理由，坐到了我的左手边。我谈了两个男朋友，都不是他。那会儿的早恋，就是上学放学时偷偷拉个小手，下课的时候见一面。很简单，很单纯。

我谈恋爱的时候，他就和我闹别扭，不太理我，故意和前后左右其他女同学打得火热。就这样持续到了高三毕业，我去了北京，他去了成都。从此，我定居北京，他也在成都安了家。

后来有一段时间，我觉得生活特别艰难的时候，常常会梦见他，梦见自己又变成了中学生。其实，我们在现实里都没什么联系。我讲给女朋友听，她说，大概现在，你才真的认识到，这辈子，再也不会有对你这么好的男生了吧。

也许是真的。长大后，我们谁还能为一段没有着落的感情坚持6年呢。

最温暖的是有一次，我妈出了医疗事故，在医院住了两个月。其间正赶上我的生日，一个周五的晚上，我自己待在家里，忽然听见有人敲窗户。我打开窗户，看见他蹬着自行车停在窗前，嘴里还有一支不知道从哪儿搞来的花，乐呵呵地问："干吗呢？走，出来带你去吃饭。"

其实那天并不只有我们两个人，还有很多同学一起，大家去市场吃了砂锅。11月的天气，我们坐在外面冻手冻脚，砂锅冒出白腾腾的热气。就这样，我迎来了自己的17岁。

《剧院魅影》最后一天在北京演出的时候，我终于买了票去看。握着高价的票，在门口遇到收票的黄牛，我和罗懵懵开玩笑，要不把票卖了，咱去吃火锅。

坐在剧院里，我担心自己听不懂，可是第一首歌唱出来时我就哭了。

Think of me,（想想我，）

think of me fondly,（深情地想想我，）

when we've said goodbye.（当我们已互道再会。）

Remember me, once in a while –（偶尔记起我—）

please promise me you'll try.（请答应我你会去尝试。）

When you find, that once again,（当你再次发觉，）

you long to take your heart back and be free –（你期望将心收回，重获自由—）

if you ever find a moment,（若你有片刻闲暇，）

spare a thought for me...（分一些思念给我……）

We've never said our love was evergreen,（未曾说过我们的爱如松柏常青，）

or as unchanging as the sea –（或如沧海般永恒不变—）

but if you can still remember,（但若你依稀记得，）

stop and think of me...（驻足片刻，想一想我……）

当你想念一个人的时候，哪儿能撑住这样的歌词。

“长大后，我们谁还能为一段没有着落的感情坚持6年呢。”

我哪懂什么坚持，全靠死撑

壹

20多岁的时候，每个月都要还房贷、要买衣服、要吃饭，其实钱省省也是够的，但物质欲强，想要的东西太多，工资总是用得紧紧巴巴。

我靠自己的智慧想生财之道，开始在工作之余给别的网站写稿子。稿费高的时候，千字300元，低的时候千字200元。早上10点上班，午休2个小时，7点下班。回家就是八九点了，我吃点东西，10点左右就开始吭哧吭哧写稿。那时候，写的也全是与工作相关的，如怎么办婚礼，怎么提升婚礼品质，怎么选婚纱，怎么找场地。有时候我实在想不出主题，就去看国外的婚礼网站。最高兴的时候，是每个月编辑给我结算稿费。多1个字就多1分钱，只要肯努力，就能有回报。

贰

我有一次去上海，为赵小姐的73Hours高跟鞋做活动。这些年摸爬滚打，我以为自己已经变得开朗了。结果，评论里朋友全都在说，小张为什么不说话啊。我其实挺愉悦的，也没有很紧张，但真的不知道哪里是话头。我去的目的更多是宣传自己的店铺。如果不是赵小姐把话递到我嘴边，我应该根本不好意思说话。

我很羡慕做事八面玲珑的姑娘，她们能迅速和认识的不认识的人打成一片。我最害怕的就是去一个陌生的环境和一堆不认识的人聊天。有时候，一些对我有帮助的局，我也会硬着头皮答应，但临行之前却要做很久的思想建设。罗懵懵特别了解我这一点，如果是她帮我约的人，她都会再三叮嘱，张微微，你不要不来啊。

所以当我出现在这些场合的时候，都是死撑下来的。连我的客人都说，我研究了你的微博，你实在太不主动了，能不能多发点东西。可面对某些事情、该惜字如金或学着沉默的时候，我反而呈现出相反的状态，着急地步步逼近。

这么说来，我哪懂什么坚持，全靠死撑。

“那时候，我觉得只要肯努力，就能有回报。”

我是你浪漫的季节，醉人的诗篇

当我还是个小女孩的时候，觉得人生好长，我不想变成一个不好看的老太婆，所以那时候我觉得自己只要活到30岁就够了。在最美丽的时候死去，那就一直是美丽的。

30岁之前，我有很多人生大事急迫地想要完成，觉得一过30岁自己就完了。但30岁之后的时光更是匆匆如流水。

说是一晃而过，但这几年却像发生了好几辈子的事儿。有时候我在手机里找照片，经常被照片提醒：啊，那个时候我和那个人去过那个地方啊。

有一次，我问一个会员是怎么认识我的，她给我回复了好长一段话：

“我是2015年6月5日认识你的，不过那个时候你还不认识我。我不记得当时在看谁的微博了，无意中看到了你发的微博，那条微博是这样的：

#today's outfit# 老话儿说：爷不爷先看鞋。脚底有了劲儿，脸面上才有光。老年间那阵子，洋车夫穿内联升做的靸鞋、朝廷文武大员穿内联升做的朝靴，就连清朝末代皇帝登基坐殿，穿的也是内联升做的龙靴。能够穿上内联升做的鞋，是一种身份的炫耀。

看了这条微博，我就到内联升旗舰店里买了一双和你一样的鞋、穿了和你一样的搭配。感觉不错哦。后来又翻你的微博，越看你越好看，你总是微笑，红唇也好看，我就被迷住了，时间越长越觉得我错过了好多东

西，后来，我就变成了大长［Elephant and Giraffe（大象和长颈鹿）］家族的一员。”

记得有年夏天，我买了内联升的老布鞋，穿上它在南锣鼓巷一个咖啡馆前愉快地拍了照片。后来我很少穿那双内联升的老布鞋，却没想到因它交到了朋友。

人生有很多机遇和巧合。没有很多人，就没有今天的我。

比如赵小姐，没有她在微博上夸我是淘宝小能手，我就不会有自己的粉丝，就不会做衣服。

比如我的大学同学莫妮卡，她在时尚杂志做编辑的时候，找我兼职写文章，我才靠着这一点点经验可以去杂志社工作。莫妮卡还对我的审美有很大影响。我们宿舍的姑娘跟着她看杂志，去洋气的地方逛街。

比如芸芸，因为她的介绍我才能去大众皆喜工作，才认识了寒寒哥哥、黑盈盈。在盈盈的介绍下，我去了“爱结网”工作。

Daniel在北京的时候，喜欢住一些奇怪的酒店，比如工体的Ahotel，他没事儿就瞎溜达。他发现楼下有一个高端宴会策划，就去拜访，就认识了小熊老师。刚好那年，我们和小熊老师合作密切，老师觉得Daniel是个大客户，就把他介绍给我。

后来，因为Daniel，我去了青岛，认识了简宁。

我们普通人的人生，就是一场场奇妙的遇见。

别人改变了我的人生，我也在改变着别人的人生，这就是人们之间相互的牵绊。出发前，我们都不知道际遇的走向。一旦遇上了，就会发现前方同时充斥着艰难险阻和美妙。

现在，我还涂30岁开始涂的大红色口红，我还是不会画眉毛，总有好心人和我说，给你介绍一下修眉店吧。

我没有特别强大的目标，想以努力的女朋友们为榜样前进，过尽量随心的生活。

到了这个年纪，人们见到我，问得最多的一句话就是你怎么还不生小孩？你还要小孩么？他们已经担心我年纪大了体力不支、生不出小孩，他们觉得我哪怕把小孩生出来了，也带不动。

赵小姐之前专门写了一篇这样的文章。她说：“深造，升职，加

薪，得奖，创业挣点小钱……我的人生中每走出一步，都会有不相干的人追在屁股后头问：‘那你们什么时候生孩子啊？’

“那感觉就好像是——人生一辈子，所有努力都是不必要的。我辛辛苦苦读书，无数个通宵做出来的项目，一次次不顾一切的努力，所有的得分，都因为没有按时生孩子被扣光了。

“人生这笔账，真的能靠生孩子来轧平吗？没有孩子的人生是有缺憾的，可只忙着完成结婚生子KPI的人生，能够被称为人生吗？也许，我就想成为一个‘然而并没有什么卵用的女人’。”

我并不觉得有孩子的人生才完整，但偶尔，我也想要个小孩子。如果是个女孩，我们可以穿母女装，我天天打扮她；如果是个小男孩，他可以从小保护我。只要在自然而然的时候，她/他来就好了。有什么养得了养不了呢？孩子养出来是什么样，都是看大人。我的女朋友们生了小孩以后，并没有为孩子放弃人生，她们都还在努力工作。

我们没有必要因为孩子而承受太多负担。

爱情也如是。

曾经得到的，也许后来就失去了。我女朋友常说，我并不后悔，正是有了之前的经历，我今天才会走到这里。后来我懂了，所有的事情，冥冥之中自有定数，我们要认清自己，知道该选择什么样的路。

到了这个年纪，我们交朋友不再有原来的条条框框，谈得来就一起玩，合不来也不勉强。有时候，明知道是条苦路，我们也会选择，但我们冷暖自知。

“人生有很多机遇和巧合。没有很多人，就没有今天的我。”

CHAPTER 4

人生没有不可能

代寻失去的时光，一切不回头。

总要找人作伴，冰天雪地走一回

第一次去北海道是2008年夏天。夏天的北海道很美，很田园，有望不到边的薰衣草，蜿蜒于田间的小路。我们坐在方墩墩的日本小车上，驰骋于其中，享受着一种独特的宁静。

我最初对北海道的印象，来源于电影《情书》。渡边博子站在雪地里冲着山那边喊：“你好吗？”藤井树用微弱的声音回应：“我很好。”

于是，我很想看看冬天的北海道。

我还期待在小樽运河边的小酒馆里喝一壶温暖的小酒，如果有人刚好进门，掀开厚厚的棉布帘子，我们抬头就能看见冒着热气的运河。

一次农历新年，我终于踏上冰天雪地的北海道。

第一站　从札幌开始

札幌（Sapporo）是北海道的都会城市，其人口排名全日本第五。“札幌”的意思是“大河川”，但它却是一个内陆城市，具有浓厚的北国风味。我们早上8点从北京出发，飞到东京转机，终于在下午4点左右抵达札幌。

札幌近几年发展很快，虽没有东京、大阪那么繁华，但已是北海道最都市化的地方。琳琅满目的百货商场、拥挤的人群、繁华的街灯，在忙碌之下一切都显得井井有条。我们在路边找了一家很小的拉面馆。一碗拉面、一碗卤肉饭、一杯啤酒下肚，第一天的行程就这么结束了。

每次到日本，晚上不在便利店买袋鱿鱼丝、买瓶桃子味儿啤酒，便觉得这一天不圆满。便利店里有各种各样桃子味的汽水和啤酒，这对于痴迷桃子的我来说，真是莫大的福利。

第二站　小樽

从札幌乘车到小樽大约1个小时车程。小樽曾经是一个贸易港口，有“北方华尔街”之称，极尽繁华。现在的小樽已变成了一个旅游胜地，虽然很小，却因《情书》而出名。来北海道的人都会到小樽一游。

小樽最有名的是小樽运河，昔日运河里拥挤着无数装卸货物的舢板，沿岸都是砖石结构的仓库，一派繁忙景象。如今这些仓库建筑都被

改造成了玻璃工艺品商店、茶馆、餐厅和商铺。

小樽最出名的是玻璃工业，因此这个城市有“灯的故乡”之美誉。

自小樽开港之后，西方乐器渐渐传入日本，许多店铺也贩售起音乐盒来，不知不觉，音乐盒竟成为小樽的名产之一。小樽音乐盒堂是日本数一数二的音乐盒堂展览馆，展览馆内的音乐盒超过3000件，简直眼花缭乱。音乐盒确实是能让人快乐起来的东西，很遗憾，我看中的翻滚小猪和长颈鹿款都断货了。

北海道的特产是白色恋人和薯条三兄弟，在小樽的大部分商店都买得到，货品丰富。小樽还有个特别有名的甜品店叫LeTAO，推荐里面的巧克力和年轮蛋糕。

值得一提的是，札幌开往小樽的火车沿途风景非常美丽。火车哐当哐当，琴拟、手稻、稻穗、发寒、星见、朝里，沿途的车站名都如梦似幻。看着窗外向后退去的湛蓝的海水，你会感觉自己乘的似乎不是车，而是船。

第三站　滑雪天堂NISECO

二世谷NISECO是日本公认最“旺”的滑雪胜地。出了车站，我们看着窗外，真是到了一个不一样的世界。到处是雪，这里不再有城市的感觉。温暖的阳光穿透云层，我们踩着雪，发出咯吱咯吱的声音，大人也都变成了孩子。

日本的雪场设施设备非常完善，雪鞋雪服都可以直接租赁，可选的样式也挺多。游客可以滑全天，也可以分时段，可根据自己的体能适当选择。我们当天到达时已较晚，滑的是夜

场。这是我人生第二次滑雪，坐缆车的时候看着脚底下的树林，真是激动极了。我虽然滑得非常龟速，但竟也摸索到了一些技巧，觉得滑雪是个不错的运动，以后可以继续练习。（回到东京以后，我迅速给自己买了滑雪服，这是后话。）

二世谷这边的餐厅都很小，挺多看起来都不错。走进门去，店家却都不接待，说是要提前预定。后来我们好不容易找到了一家烧烤店，吃了美味五花肉、喝了梅子小酒，周围都是刚刚运动完的人，面色红彤彤的，都一副畅快淋漓的样子。

日
本
倉
庫
港
運
会
社

第四站　看夜景的函馆

置身函馆山展望台的时候，我觉得真是不虚此行。细长的市街上闪耀着街灯，它们和漆黑的大海形成对比，远处渔船上点燃了星星点点的油灯，整个函馆就像一个电力十足、准备随时起飞的飞行器，像是要冲向外太空。

TIPS

· 我们的机票是通过携程网预订的，你也可以在日本航空公司的官网上预订。一定要提早预定机票，这样就可以合理选择时间，你可以早出晚归，价格会低许多。

· 酒店都是通过Booking预订的，非常方便。在Booking上，好心的网友会告诉你最近的地铁站、附近的美食。如果你想预订一些高级的酒店，你也可以通过他们的官方网站预订，价格是最低的。

· 抵达二世谷车站后，酒店一般都会有接驳车。这些信息都可以在酒店的官网上查到，接驳车有明确的时间表。

· 在日本，谷歌地图真是神奇的小帮手。从一个地方到另一个地方，它除了告诉你路线、搭乘的车次，还会告诉你在哪个站台。日本的地铁太发达，不同的时间、同一个站台的车可能开往不同地方，停靠的站点也不一样。

· 我们此行时间短，其实北海道还有很多好玩的地方，比如往东北方向走，可以去旭川，那里的动物园里有每天遛弯儿的小企鹅。你还可以坐热气球鸟瞰北海道的广袤大地。

最常去旅游的城市——东京

小时候，总对出远门特别兴奋，好像外面的世界都特别新奇。后来，出门的最大障碍是收拾行李，去越远的地方，行李箱就得越大。想到要坐10多个小时的飞机，脖子和腰背都要被摧残一回，就有点害怕。

所以这几年，除非计划特别大的旅行，我最愿意去的地方，就是日本。而首选，不用怎么计划，说走就走的，便是东京。

为什么喜欢东京呢?

仔细想一下，有几点原因。

首先，日本这个国家的服务真的是太好了，像我们这样的游客，都会得到日本人非常友善的对待。有一次我们几个女生打车去一个不太好找的地方吃饭，司机老爷爷把我们送到目的地以后，竟然还下车给我们带路，一直把我们送到大厦的电梯才离去。

即使住的是一间小型的商务酒店，设施也很完整。房间小而舒适。日本人很注重洗浴，我住过几家酒店，在顶楼都会有一个小温泉，逛街疲惫走一天之后，回来泡泡蒸个桑拿真的是非常舒服。在每一个餐厅，或者商店，店员表现出来的也是友好和耐心。我后来去欧洲之后，提不起很大兴趣再去的原因，就是觉得欧洲人民实在太懒了，除非特别昂贵的地方，否则很难享受到好的服务，酒店前台都经常找不到人。

其次，我本身从事服装行业，觉得日本女性真的是非常时髦。原来，人家说我是日韩范儿，我还很不乐意，但是这几年，去日本多了，以及通过INS等关注了一些日本博主，觉得比起欧美范儿，中高端日本女性的穿着，其实更适合我们亚洲人。成熟的日本姑娘的打扮重点是时髦且实穿，她们会利用很多欧美的流行元素，然后结合自己的身材加以发挥，扬长避短。

我去欧洲的时候，除了一些特定场合，见到的大部分外国人都很随性，T恤牛仔裤，或者卫衣棒球衫。而我在日本的餐厅或者咖啡厅，经常看见穿着非常讲究的日本姑娘，甚至有时候是一些上了年纪的老奶奶带着珍珠项链，在喝下午茶。赏心悦目的感觉，在日本随处都有。

最后还有很重要的一点，就是购物。日本的奢侈品虽然比欧洲略贵，但是很多品牌会出日本限定款。除了奢侈品，日本的本土品牌，也都非常好看。除了衣服、家电、书本、生活用品，日本人还喜欢把一个点充分发挥放大，小而精美，令人着迷。

东京是日本的潮流圣地。北京飞东京很方便，在东京周边，有一些非常美的乡下的地方，比如横滨、箱根、轻井泽一类，所以东京，就成了我隔一阵子觉得累了想要去度假放松的首选地。

那么，我来推荐几个在东京最喜欢的地方。

时髦洋气的代官山

如果让我随意在东京选一个地方居住的话，我会选择代官山。我太喜欢代官山了，那里除了有很多时髦的女装店，在代官山遇到的女子也比东京其他地方遇到的更时尚好看。

我特别喜欢代官山女装店的店员。日本人在卖衣服这件事儿上，真

的非常用心，他们深知店员就是他们最好的招牌，所以招聘每个店员的时候都很用心，不一定要求样貌有多美，但是他们皮肤细腻，气质温婉，每一位都非常会打扮。要求买店员身上的同款，这事儿我在东京干过非常多回了。

代官山的茑屋书店，也是我每次去东京必打卡之处。虽然茑屋书店在其他地方也开了很多家，但是代官山那家始终是我最喜欢的，有点先入为主的意思。我进去不买太深奥的书，抱走几本杂志就会心满意足。

还有日本著名的模特梨花，她的店也在代官山。从开始一个服装店，后来慢慢加入更多的内容，如家居、生活用品等，店铺非常美。在梨花的店的二楼，还有一个不大的餐厅，混合多国食谱，简餐，但是挺好吃的，我每次都会坐在靠窗的位置，吃一碗越南河粉。

汹涌繁华的新宿

我在初中的时候，喜欢看漫画，看北条司的《城市猎人》。书里有一个情节，每当有人需要委托城市猎人办事的时候，就会在新宿车站的留言板写上特定的符号。我真的去了东京以后才知道，为什么漫画里会选择新宿车站作为接头的场所。

新宿车站是世界上最高人次使用的铁路车站，用车水马龙形容再合适不过。你能想到的所有繁华的商场、电器店、餐厅，还有著名的歌舞伎町，都在新宿。

就算只在新宿，也可以完成在日本的所有购物。还有一进去就舍不得出来的药妆店，在新宿几百米就能找到一个。

在新宿，我最喜欢的商场叫作NEWoMan，其是一个专门为女性设计的商场。里面有服饰店、首饰店、理发店，以及几个很热门的餐厅。基本上，也是一去就要陷在里面一天。

高级感十足的银座

在我看日剧的年代，银座留给我的印象是繁华和高级，是日本有钱人的聚集地。真的去了以后发现，银座就像北京的王府井、上海的淮海路，地理位置优越，是一个城市繁华的代表，也是游客汇集之处。

银座有日本的老牌商场：三越百货、松屋百货等。这几年最热门的，应该是新开的GINZA SIX。这是非常时髦的一个商场，从外面就能充分感受

到。商场里的装饰，非常有设计感，每隔一段时间，商场都会请日本著名设计师来做些改变。

想停下来生活的镰仓

每次去东京，我都会在百忙的购物之旅中，专门抽出一天去镰仓。

在镰仓的这一天，纯粹享受安逸和静谧。我一直希望可以多抽点时间，能在镰仓住几天，但至今还不能实现。

镰仓位于横滨的海岸线上。去镰仓游玩，可以沿着海岸线漫步，也可以在山间穿梭，山间有很多非常有意思的小寺庙。

镰仓还有一个著名的景点，叫作镰仓高校前。镰仓

高校就是著名漫画《灌篮高手》里面学校的原型。所以每个看过《灌篮高手》的朋友，去了镰仓，都会找到车站前那个路口，拍一张和樱木花道姿势一模一样的照片。

日本非常红的早午餐店BILLS，在镰仓也有一家。如果能提前预订靠窗的座位，在镰仓看日落是非常美好的一件事情。

人生没有不可能

上大学之后，我才有了自己买衣服的权利。在学校浓厚艺术氛围的熏陶下，我觉得黑白灰是最显高级的颜色，从那时开始，我的衣柜里就不太会出现鲜艳的颜色。

现在30多岁了，突然发现自己开始被少女时候嗤之以鼻的粉色所吸引，觉得特别浪漫和温暖，看见粉色就走不动道儿，忍不住在里面蹦蹦跳跳。

我仔细思索，到底是什么让我的审美发生了变化。也许是因为小时候我们看世界太彩色了，所以需要平静的颜色来稳定自己。当我们成长到一定年纪，也见了一些世面时，外界对我们的冲击变小了，我们知道自己的追求、要过的生活和做事情的目标，我们变得自信，便可以驾驭更多鲜艳的色彩。

我曾经计算过，如果坚持Keep11天，完成训练32次，可以累计消耗热量2477卡。而一顿火锅吃下来，热量就大概有2000卡，所以要用艰难锻炼的11天才能消耗一顿火锅。呃……这怎么能让人不丧气？吃火锅时带着无比的热情和激动，而锻炼之前要给自己下800次狠心。

我之所以恢复锻炼，是因为在朋友圈看到我的中学同学和大学同学不约而同在东京跑了全马。我没想到，有一天我羡慕的是别人在跑马拉松。

好几年前上班的时候，我每天会追徐濠萦的博客，她除了发自己的穿搭，也会说她在伦敦、日本参加马拉松。那时候，为了跑步而出国，对我来说是一种很远的生活。

而现在，我们可以自给自足，有一点点存款，可以开始为了自己的兴趣去到想去的地方。近一点，去上海看个展览，又或者去东南亚的海岛过个两三天的周末。

第一次看*VOGUE*的时候，我没想到有一天我也可以拥有杂志开篇广告页上的鞋和包。上中学时骑自行车的我也没想到，在繁华的以汽车当作最常用交通工具的大北京，有一天竟然会出现满街的共享单车，唤醒人们骑行的生活方式。

哪怕当我开始做编辑，每天抱着婚纱到处拍片的时候，也没想到有一天，卖衣服会成为我的职业。

所以说，人生真的没有不可能。于是，我开始穿彩色的衣服，在生活里找寻更多的热情和新鲜感。

“我们知道自己的追求、要过的生活和做事情的目标，我们变得自信，便可以驾驭更多鲜艳的色彩。”

滚滚红尘，痴痴情深

1997年，香港回归，我从一个初中生升级为高中生。

那年11月，国内上映了一部全球轰动的电影。当时人们说它是史诗级的片子，阵容豪华，投资巨大。

20世纪90年代中期开始，VCD在我国空前繁荣起来，盗版光碟遍地都是，那年我就靠着盗版碟，把这部电影看了7遍。每次看它我都泪流满面。甚至有一回，我们几个女同学在家里看这部电影，集体抽泣。

后来随着年龄增长，我看了更多的电影，知道了更多的爱情故事，就慢慢淡忘了那部电影。

记得2017年4月14日的晚上，我坐在三里屯太古里的电影院里，看到大屏幕上打出“TITANIC”字幕、听到音乐响起的一瞬间，我竟不由自主地、完全失控地哽咽起来。

我开始哽咽的时候，觉得自己做了一个特别对的决定。

1912年4月14日，在一个风平浪静的夜晚，“泰坦尼克号”撞上了冰山。这部电影上映20年后，“泰坦尼克号”沉没105年后的4月14日，我坐在电影院，第8次看了这部电影。

这是一部伟大的电影，纵使过了20年，但从服装画面到特效，它一

点都不逊色于今天的好莱坞大片。电影里的每一个情景，都让我特别心潮澎湃。

我记得电影初上映时，最多的影评是“就算杰克活了下来，富家小姐露丝也不可能过上幸福的生活”。可当我再看这部电影的时候，有了很不一样的感受。露丝的智慧从她读过的书、喜欢的话、关注的细节（比如她曾细算过船上救生艇的数量和能承载的人数）上都能反映出来。失去杰克后，她改了名字，作为一个没有背景的单身女子开始生活，她学会了骑马、重新建立家庭，生活充实而自信。杰克的乐观和热情都传递给了她，让她成为一个自己喜欢的自己。

这才是他们爱情的意义。

我和女朋友们都觉得变成农妇的李孝利特别美丽。虽然没有了原来舞台上的光鲜浮华，可田园生活的丰富和满足填满了她的脸庞，对生活的享受让她看起来容光焕发。

富贵无止境，生活里的小幸福才是维持女人神态的最佳补给。

电影快结束时，在老年露丝的梦里，年轻英俊的杰克站在餐厅的旋转楼梯等着她，露丝微笑走上来，两人深情拥吻，所有的船客为他们鼓掌。当时，电影院里也响起掌声，一直持续到电影结束。

我们常常询问幸福的定义到底是什么，如人饮水，冷暖自知。

人生最大的幸福，就是遇到，不辜负。

前些天看歌手节目，我最喜欢的是张杰，他唱了一首田馥甄的《你就不要想起我》。他穿着毛衣和牛仔裤站在台上，忘情而投入。这是我见过他唱得最打动人心的一次。

明明你也很爱我

没理由爱不到结果

只要你敢不懦弱

凭什么我们要错过

我觉得最容易让人把自己说过的话推翻的，就是爱情。

爱情根本不需要思考也没有来由，今天笑别人太疯癫，马上明天自己就看不穿。

我们骄傲的时候总说，别人的生活那么平淡，自己一定不能甘于平庸，不当发射导弹的科学家，也得当个叱咤商场的精英。直到有一天，你心目中的翩翩少年从山坡上一路小跑而来，你才知道什么叫“全世界的漂亮，不及你的可爱模样”。

在万人面前风光，都抵不上你一笑开怀。

我有一位女朋友，在青春年少的时候，为了男人辞了工作，从上海搬到北京。在陌生的城市、陌生的人群里，她跟着一个在旁人眼中其貌不扬的男人开始新的生活。她做男人喜欢吃的好吃的，按照他的作息生活，乐呵呵帮他处理家里的大小事。她出国购物，给男人买的也总比自己多。有次男人出门，地下停车场的栏杆无法抬起来，甚至都给她打电话求助。

身边的好姐妹有时替她惋惜，觉得她本身也是个能干又好看的姑娘，怎么就这么甘于为了男人不去释放自己的光芒。

他们还是没能走到最后，分手让她痛不欲生。但是她说，即便知道有如今的结果，也一点儿不后悔。在一起的几年，他们没有红过脸，几乎每天都是拉着手睡觉。

我能理解她的感情。和爱人在一起，为他做的每一件事都是为了他，也是为着自己，能去做那些事情的时候，她的心情是充实喜悦的。像王菲在《扑火》里唱的，“可是为情奉献，让我觉得，自己是骄傲的，伟大的”。

女人的爱，也是一种英雄主义。

爱情到底是什么样？即便到了30多岁，我们还是会常常问自己或他人。

爱一个人，是不知道如何回复他的信息，早一分钟怕显露自己焦急，晚一点又怕他觉得在你心里不重要。爱一个人，是用掉少得可怜的睡眠，也要千里飞去见一面。爱一个人，是不停地，和他，和自己，斗智斗勇。

为什么爱你？因为，我喜欢的样子你都有。吃饭的，做饭的，走路的，跑步的，看电视时候傻笑的，唱KTV时候摇摆的，甚至喝酒吹牛的样子。

当你不在我身边时，这些画面就会自动在我脑海环绕播放，充斥我的全部思绪。

当我们敌不过自己时，唯有在这滚滚红尘里，放手去爱。

“富贵无止境，生活里的小幸福才是维持女人神态的最佳补给。”

讲一个“追我妹”的故事

我妹1987年生，属兔。

她老公1991年出生的。俗话说：女大三，抱金砖。那女大四呢，应该抱一块更大的金砖吧。

我妹从小在我的阴影下成长。说是阴影，倒也没有那么夸张，无非就是姐姐眼睛大，姐姐双眼皮，姐姐学习好。我妹学习其实比我还好，但她是小眼睛单眼皮，随他爸。我随我爸，我俩的妈妈是亲姐妹。因为是姐姐，因为后来姐姐在成长阶段遭遇了一些变故，有些可怜，所以不管是情愿还是被迫，我妹小时候没穿过什么新衣服，所有的新衣服都给姐姐先穿了。那时候，我比她高。现在，她经常敲我的头。

我妹是5月30日的双子座，可是在她身上表现更多的是内敛的那面，而没有双子座另一个小人儿的活泼。因为不太放得开，就算她很难过的时候，也都是憋在自己心里，要花很长时间才能痊愈，而我们都会误以为她没什么事儿。她交的第一个男朋友，和她吵架的时候，坐在路边哭，说：“你根本不爱我，不在乎我。”我妹只好安慰他，说：“你别哭了，我觉得好丢人。”后来，她又谈过两个男朋友，由于不是所谓对的人，都分手了。

什么是对的人，就是不会分手的那个人。

大头是我妹的同事。他真的是上天派给我妹的天使。芸芸众生，在他们公司好几百个姑娘里，他就相中了我妹，发现了我妹的无数闪光点。我妹不爱说话，他觉得她文静。我妹对人不热情，他觉得她内敛。我妹为人处事上不转弯的时候，他觉得她耿直……总之，他就觉得这个姑娘什么都好呀。

遇见这么一个你看她哪里都是优点的人，不是真爱是什么？

于是大头开始了猛烈的追求。年龄上的差距，让我妹第一反应就拒绝了他。可是大头年轻气盛，年轻的好处就是，我什么都不怕，不到黄河不死心，我要用真情真爱感动你。

大头在知道了我妹和几个女朋友去威海旅行的时候，背地里勾搭了我妹的朋友，然后追到大连去了。在海滨广场上，他搞了一出浪漫的表白。然后，然后，他就真的成功了。

我姨知道了大头是1991年出生的，怕我妹有一天被抛弃，还担心得哭了。然后，厉害的大头，迅速地搞定了我姨，“妈妈、妈妈”地叫得特别甜。

再后来，大头也搞定了我。他并没有给我买包买鞋，虽然这是我对妹夫的硬性要求。

他应该是用真心打动了我。因为，我妹和大头好了以后，变得充满自信，时时洋溢着幸福感。哦，我想起来，大头是用山东的熏鸡和扒鸡搞定我的。

然后，大头又开始玩浪漫了。按理说，他们这个年龄，好好谈段恋爱再结婚也不迟啊。可大头不，他觉得没有安全感。他分分钟都觉得我妹要飞了，我妹会被别人追跑了。

于是，他开始策划求婚。

那时候，天下女人的梦中情人是大白，那个《超能陆战队》里的大白。不管什么问题，大白都会想办法解决。大白还很幽默，而且，真的遇上了致命的麻烦，大白会牺牲自己。

大头就变成了大白。

他让我妹的妹妹把我妹骗到一个咖啡馆，然后毫无预兆地出现在我妹面前，让我妹去按他胸前的按钮。之后就是求婚的老三样了：下跪，拿出戒指，说“你愿意嫁给我吗？”。

我妹也不好不答应吧，就哭着答应了。我很欣慰地看到从小陪我一起玩儿，被我欺负长大的妹妹能遇见大头这样一个男子。在婚礼那天，我妹变成了世间最美的女子。

“遇见这么一个你看她哪里都是优点的人，不是真爱是什么？”

代寻失去的时光，一切不回头

之前有个还在读高中的小朋友家长找到成老师，说希望考中国传媒大学的播音系，希望成老师辅导。我想起高中时代，由于是在小地方读书，甚至不知道提前批录取需要面试的院系。我读大二的时候，有天下午没有课，我站在阳台上洗苹果，看到楼下的考生来学校面试，那队伍排得长长的。我最喜欢看背着画板的男孩子，总觉得会画画的男孩子长得好看些。

我拿到大学录取通知书时是惶恐的，因为我考到北京的同学都在海淀读书，只有我在朝阳。我不知道自己上的到底是什么学校。而如今我

为自己读了中国传媒大学而觉得特别幸运。从价值观到审美，还有性格的养成，我觉得都要归功于这所大学。唯一的遗憾是没有好好学习。不过这也不重要，好好学习的结果不过是当个学历更高的淘宝店主。

每个学校附近都一定有一条神奇的街道。我们学校附近的街道叫西街。西街口有几个物美价廉的小饭馆，里面有盖饭、麻辣烫、烧烤。往里走一走是一些水果摊。上大一的那年，北京的夏天特别热，西瓜那时候只要4毛钱1斤。学生宿舍没有冰箱，水果小贩为了让我们吃上冰镇西瓜，就从路灯上接了电，这样我们就可以买到从冰柜里拿出来的西瓜。

西街的深处是一些常规的小卖部，那里卖生活用品，还有零星的修理铺。在金工实习的时候，修理铺一下成了我们的救星。每当我们做不出收音机或做出了不响的收音机时，拿去只需10元钱，老师傅就能帮我们迅速搞定。学分都是这么修来的。

再后来，毕业好多年以后，我再去西街，那里已不是当初那条破破的、一下雨就积水的小街了。路口都是一些大饭馆，西街换了一种方式蓬勃起来。

中国传媒大学是一个艺术院校，除了著名的播音主持系，从我们那届起还有了表演系。所以，我们学校好看的女生实在是太多了。不光好看，而且时髦。那时候我就学到了时髦比好看更重要，因为时髦是可以靠后天努力养成的。

当时，我特别喜欢的一个姑娘，是哈尔滨人，但她却有着南方姑娘的清秀灵气，细眉细眼，留着一头到腰间的卷曲的长发，喜欢穿一些中式飘逸的衣服。但就是这样一个姑娘，却充满着时髦的现代感。她喜欢写作，还出过书，她的长发男友每天穿着机车夹克和黑色牛仔裤在公寓楼下等她。

还有一位姑娘是表演系的，她的头发剪得特别短，很浓密，贴在头皮上。她化很浓的妆，穿特别垮的大裆裤和露肩T恤。她父亲是学校的老师，她是一部知名影视剧主题曲的演唱者。她性格风风火火的。我就是默默地喜欢着这些姑娘。今天我已经忘了她们的名字，但是总记得她们穿梭在大厅小卖部的画面。

“我们总是说，要硬起心肠往前走，不要让自己的热情和精力被现实无奈拖下水。你更需要硬起心肠对自己，你其实明白，那些可是或者但是都是借口。给自己找的借口越多，你就会越来越感觉到生活的束缚感。”这是庄雅婷老师曾经写的一篇文章里的一段话，我看后觉得受益

很大。人生最怕的就是热情和精力被耗尽，那样做什么就都没趣了。而没趣的时候，就意味着一件事的完结。

我们总要给自己设置一些目标，像高考考中哪个学校，毕业找一份什么样的工作，存钱买一件心仪的东西，又或者什么时间去一个什么地方，培养出一个什么样的孩子。不管对与否，人一旦有了执念，就变得强大起来。

谨记亦舒所言：“身为女子，记住要读好书，勤力做事，不要向任何人索取任何东西。还有，付出之际，要彻底了解，一切不会回头。”

中年暴躁

用“中年暴躁”这四个字形容我现在的状态最合适不过了。有时候我火气大得像老虎，事后平复下来，自己都觉得震惊，怎么会有这么大的脾气。

想想我刚上班那几年，比现在惨多了，但是那会好像不怎么敢生气。

刚开始工作的第二年，我们约明星拍杂志封面的新娘大片。一次，明星趴在沙石上拍照，把Tiffany的白金手镯给磨了，商量了半天，付了500元的抛光费。还有一次，明星太累了，起来的时候没走稳绊倒了，礼服的纱一整片都被刮丝了，我记得我去还衣服的时候，站在东方广场，怯懦地和公关协商，最后同意我们赔了硬广的费用。

2008年在日本公司，我们做信息类杂志，客户信息种类繁多，杂志一旦印刷发行出来，就再没有改正的机会。即使自己校对，再加上专门的出版社帮我们校对，还是会出错。经常提心吊胆，一出错就要写责任书。如果只是有个错别字，顶多扣点钱。最害怕把客户的信息弄错，花了钱的客户对于杂志社来说都是衣食父母，这一期的出错就影响下一期的广告，一点点都不敢得罪。

再后来，我又换了公司，从编辑转做市场。有年夏天，我们在北京的紫玉山庄做活动，本来最隆重的内容都放在户外的大草坪，结果提前看天气预报知道当天会下雨，临时把场地改到篷房。那是场维持5天的活动。活动开始之前，我们家的猫还得了重病，带猫去完宠物医院，我又到活动现场盯搭建，那天，我和助理小姑娘回家的时候，已经不记得是几点。几乎没怎么睡，第二天一早我又到了现场，但还是因为算错了篷房的面积和用餐人数，被客户痛斥。

还有一年，我运气好，经人介绍，不是销售员的我也给公司签了当时挺大的一个广告：七夕的时候在我们网站投个硬广加活动。页面上新的时候，我和代理公司的人等在电脑前，他们做各种测试后，没有问题才能发给客户确认。但是，测试的时候，发现了很多漏洞，都是些简单得难以启齿的差错。他们将情况反馈给我，我马上联系我们技术部的同事，结果，技术部的同事竟然都下班了。我当时坐在电脑前，真是欲哭无泪。

我后来决定自己出来开店，也是因为觉得在公司上班无力感实在越来越重。

我也算做了甲方。因为有着乙方过来人的经验，我尽量和蔼地对待我的供应商们。但是，日子长了，心理疲倦和体力不支，我掩饰不住自己的暴躁了。

小时候，我们不知道什么叫睡不好，能在任何舒服不舒服的地方睡觉。现在，早了，或者晚了过了困劲儿了，太亮了，太吵了，太干了……都变成各种导致我们睡不着的原因。不吃，胃不舒服；吃多了，整个人又昏昏沉沉。有人陪，觉得怎么这么吵；没有人剩自己，又想怎么这个岁数还这么孤单……真是人到中年，任何一点小毛病都变成我们前进道路上的硕大障碍。

可能我们压力确实大。我们这一代人，很难做到真的自我，不在乎周遭人的看法，总是希望上有老下有小，把一切都安顿好。之前大家热议，到底需要多少钱，才能没有压力地在北京生活，很多人给出了5000万元的答案。能照顾好自己，给父母养老，给孩子准备好上幼儿园、小学、大学，甚至出国的钱……有时候，我们也很羡慕那种今天吃饱了明天再说的人，但是自己真的做不到。

所以我们尽量宽慰自己，用其他一些方式善待自己，安抚自己暴躁的内心。比如买点鲜花，吃点昂贵的零食，看乾隆皇帝的后宫纷争，或者打几盘“天天爱消除”。

我曾经用李诞那句“人间不值得”做过朋友圈签名，后来很多人都说太俗气了，于是就删了。但是，其实他说那句话和我引用那句话的本意，不是要四大皆空，而是觉得人生到头来，没有什么特别值得欢喜的事儿，相应地，也没有什么值得大悲的事儿。

“暴躁时候，切记，深呼吸，保持一颗平常心。”

让我们许下一个纯朴的愿望，努力变有钱

我最近迷上了毛不易。

我觉得他真是天才。每首歌，好像旋律都并不难，你都像在哪儿听过似的，但是又有几个转音，要听好多遍才能学会。

我还特别喜欢他的词，该有诗意的地方很诗意，该大白话的时候又简单明白。比如这首《如果有一天我变得很有钱》。

“如果有一天我变得很有钱，我的第一选择不是去环游世界，躺在世界上最大最软的沙发里，吃了就睡醒了再吃先过一年。”

我早上坐在沙发上喝咖啡的时候，认真听了这几句歌词，我觉得真是话糙理不糙。环游世界太累，因为觉得既然花钱出去了，就要有所收获，去看，去听，去感受，中国人又讲究去都去了，一定把行程安排得满满当当。特别是我们不是天生有钱的人，花的每分钱都是自己辛苦赚来的，更是要不虚此行。每次我出国回来都累得半死。所以，真有钱的时候，躺在沙发上做个吃睡交替的废物才是真享受吧。最好还是躺在我最近中意的深棕色压格大皮沙发上，享受着无尽的综艺，无尽的电影，无尽的“哈哈镜”，无尽的串串，还有无尽的草莓和葡萄。

“如果有一天我变得很有钱，就可以把所有人都留在我身边，每天快快乐乐吃吃喝喝聊聊天，不用担心关于明天和离别。”

为什么那么多有钱人都要自己盖个小院儿，自己做个餐厅或者酒吧，就是想把好朋友都聚在一起，再也不考虑悲欢离散。我们不是天生的艺术家，没办法享受每一个孤独的时刻，更喜欢热热闹闹。从小到大，其实我一直有一个愿望，就是买一个好大的房子，亲朋好友全都住在里面，朝夕相处。再后来，我觉得可能天天面对面也不太可能，大家还是需要自己独立的空间，我就幻想可以拥有一个小区，或者一个巨大的别墅，总之就是所有人都留在我身边。

“变有钱，我变有钱，多少人没日没夜地浪费时间。变有钱，我变有钱，然后故作谦虚地说金钱不是一切。”

只有有钱人才可以说金钱不是一切。金钱确实不是万能的，但是相对的，还是能让很多事情变得容易些。

所以，我没有办法解决你们的各种烦恼，包括我自己也有各种烦恼，唯有鼓励大家从现在开始，尽量努力赚钱，用赚钱的动力让自己繁忙起来，忙碌可以忘记烦恼，用钱可以买到多一些开心。

“我们不是天生的艺术家，没办法享受每一个孤独的时刻，更喜欢热热闹闹。”

不谈寂寞，我们就都快活

20多岁的时候，有一年冬天北京下了很大的雪。我住在当时的男朋友家，和他吵了一架。已经忘了因为什么，但吵得很凶，我从家里跑了出来。

楼下是个公园，夜里12点多，路灯下的雪花一大片一大片，我在路边坐了20多分钟，也没有人来找我。那一刻我觉得，这大概是此生最孤独的时候了。后来我自己走回家，看见男朋友已经在电脑前睡着了。

莫妮卡给我讲过她和老公吵架的时候。她光着脚往外跑，跑到小区灌木丛后面躲着，看见老公追出来，差不多能靠近她的时候，再出来接着跑。

她比我幸运，有人会去追她，拉她一把。

到后来我结婚，到后来我又变成一个人，才知道，真的要走的时候，反而是悄无声息，不再悲伤的。

我觉得最不孤独的时光是在大学宿舍，宿舍里永远亮着灯，永远都有人在房间里。而最孤独的是在青岛上班一个人住的日子。空调的出风口被小鸟筑了巢，早上被鸟儿的叫声惊醒。醒来的时候，睁眼看见空的天花板、空的房间，总要反应几秒钟，才知道自己是在什么地方。

我觉得能把爱情排在人生次要位置的人是快乐不孤独的。因为亲情和友情不如爱情来得多变，不会时常让我们有被遗弃的感觉。没有极致的快乐，也就没有哀莫大于心死的悲伤。

我说，你不要带着气，要用平常心回答我，我真的很烦么？他说，是的。那一刻，心好像被憋住的一口气劈开了，产生了一条缝，抽搐地疼。

我觉得我已经在改变了，但并不是所有事情都按照我所想，我懂不能。

“这一刻，我突然有了个心愿，不以物喜，不以己悲，希望一个人同偕到老不靠运。”

写给妈妈，有其母必有其女

我们都还是小学生的时候，几乎每学期都要写一篇《我的妈妈》。开头总是千篇一律的——我的妈妈今年多少岁、从事什么工作、她温柔又善良。那个时候，我们还尚未学会发自内心的写作，但早早就把写妈妈的文章都写完了。

长大以后，我陆陆续续写过很多女朋友，我猜我妈心里一直在暗自期待我写写她，但她又不好意思开这个口，于是一直僵持到现在。

本书最后一篇文章，我决定写一写我的妈妈。

我妈是个双鱼座。我认识的双鱼座女生不多，明显记得的只有两个：我妈和赵大王（赵若虹）。她俩的共同点是特别勤劳，什么事儿只要想到了就去做，没有停下来的时刻。

《奇葩说》里姜思达讲到他的妈妈，说他妈妈的婚姻、事业经历过很多波折，自己的孩子还和普通小男孩不太一样。他问他妈妈，如果按下一个按钮，她就可以抹去那些不愉快的记忆，她是否会按下去？他妈妈选择了拒绝。

我妈这辈子也经历了跌宕起伏的人生，但如果让她做这样的选择，我想她也是会拒绝的。

20世纪70年代正是上山下乡的高峰期，我妈16岁那年干了特别多的体力活，得了肾盂肾炎。姥姥收到了三次病危通知，觉得我妈真的可能不行了。那时候为了治病，妈妈打了很多激素，整个人都肿了，惨不忍睹。后来她服用了一种偏方，竟神奇地好了起来。再后来，就有了今天的我。

妈妈和爸爸在我读小学三年级时分开。那会儿我也会哭，但对爸妈分开这事儿并没有太大感触。我照常上学放学，同学和老师都很好。我妈给我的爱足够多，我并没有太多情感的缺失。

我妈特别喜欢跳舞。那时候我们生活在部队大院儿，作息特别规律，她基本不需要加班，我放学也都是固定的时间，她从单位回家、我从学校到家，都是5分钟的自行车车程。大部分的晚上，她照顾我吃完晚饭就去玩了。她一走，60%的时候我都没有写作业，而是站在电视机前面看电视，一直到她回来。

我妈没那么鸡贼，不会去查看电视机的温度，也不会给电视机罩摆一个特别的角度。我利用这些得来不易的时光看了好多好看的电视剧，比如《将爱情进行到底》。每晚看完电视剧，第二天早自习的时候，我还要讲给前排的同学听。

每晚看电视的时候，一听到我妈的高跟鞋声，我马上关电视，一个箭步蹿回自己的房间。等妈妈推开我卧室的门，我保准儿端坐在桌前写作业呢。她说，“你真是太辛苦了”，然后给我端茶、倒水、切水果。那时我每天的作业都要写到12点30分，因为10点30分才动笔。

妈妈希望我能长成为一个乐观积极的姑娘。

她特别怕我自闭，很鼓励同学们找我玩，不论男女。那时候一放假，我家就会变成一个聚会的场所，同学们打牌、打麻将、看电影。过年的时候，我们打麻将到一两点，妈妈还会给我们下个面条，补充下体力。

我妈还有个特长，就是织毛衣。从我上小学起，我穿的毛衣就一直都走在时尚前端，那时候觉得它们都好美丽，现在想

起来简直花里胡哨。胸前要么高楼大厦，要么彩虹蝴蝶，还有各式儿的小娃娃。我妈讨好老师的方式就是也给老师织件毛衣。我还算争气，成绩比较好，被她送过毛衣的老师屈指可数，也要看她喜不喜欢这个老师。

妈妈小时候得过大病，年纪大了以后，她总是小毛病不断，经常腰酸腿疼，隔三差五就要去单位的门诊捏腿揉背。

我高一那年，有天中午放学回家吃饭，听她说针灸好像扎狠了，一直有点儿疼。我晚上再回家时，邻居阿姨告诉我，妈妈已经被送到医院了，扎针灸的小战士太没经验，扎到她肺上，一肚子都是血。她大概住了两个月的院，其间我过了17岁生日。那时候我每天中午睡醒午觉，就去医院看她一趟，下午再接着上课。所幸，她后来痊愈了。我上高三那年，我妈开始经营起自己的严厉形象来。每周六都有家长会，所有家长会收到一张A3大的成绩单，上次成绩、本次成绩都印在上面，自己的孩子进步或退步一目了然。我们家每周六中午都会吃火锅，妈妈每次都想等着吃完饭再说我，但看到我晃晃荡荡地回到家，她气就上来了，因此每周六中午，我基本都因为成绩在挨批评。妈妈骂完我也挺愧疚，会让我赶紧吃饭，我周六的午饭总是吃得特别多。

高考结束，第一志愿落榜了，第二志愿收了我。我妈送我到北京上学。

上大学之前，我们没出过什么远门，她把我送到东五环外的学校，她看了我的宿舍和舍友，就算放心了。陪了我两天，她就潇洒地走了。我在宿舍哭了两天，因为从小到大我确实没有离开过她。据说她也很不适应，但她一直表现出“终于把你送进大学了，老娘要好好开始跳舞了”的态度。

我进入了一所艺术院校，开始了放飞自我的生活，也开始了花钱的生涯。我们家就靠妈妈一个人的工资，但她在生活上从来没有约束过我，舍友们平均有多少零花钱，她也会给我多少。后来我知道她其实比我艰苦多了。以至于现在，我自己可以挣些钱了，她仍没办法做到对自己大手大脚。

有其母必有其女

朋友们见到我妈的时候，都说我和她长得很像。其实我知道，我从她身上遗传到的最重要的东西，是那种不卑不亢和坚持的精神。正是因为这一点，我现在能凭借自己的能力去一点点实现一些事情。

我和我妈都很爱哭，但哭不代表软弱。哭完后，我们又是一条新的“好汉”。年少的时候，妈妈为了换工作，会让我给领导家小孩补课，我觉得她不仅养育了我，我们还彼此扶持、一起成长。今天的我，也是支撑她越活越潇洒的动力。到了这个年纪，我做了一些任性而自我的事情，我妈都对我表示理解和支持。我们仍像大多保守的中国人一样，很难沟通和表达彼此的感情，但她会认真看我写的每一篇文章，就好像懂了我。

我最喜欢妈妈那和周迅一样的小小尖尖的下巴，特别好看，可我没有遗传到。

现在我妈还是舞场一枝花，她跳的可不是什么广场舞，而是专业的交际舞，还去参加过朝阳区的舞蹈大赛。

等有一天我有了自己的孩子，我希望能如我妈养育我一般，好好和孩子一起成长。他不听话的时候，我可能偶尔也会打他。我会因为他而生气，因为他而高兴。

“每个人的母亲都会有缺憾和不完美，那反而是我们普通人所拥有的最珍贵的、最美丽的人生。”

Outfit of the Day　每日穿搭

每天在微博分享自己的穿搭，是开店以后非常受客人欢迎的一个栏目。很多姑娘不知道穿什么的时候，就会去翻我的微博寻找灵感。

作为一项工作内容，我每天会请同事或者身边的朋友帮忙记录穿搭，已经坚持了3年多。

我精选了春、夏、秋、冬四季的一些穿搭，收录在本书中。

春

外套：Elephant and Giraffe
牛仔裤：购于日本东京
鞋：Pretty Ballerinas
包：CHANEL

外套：Elephant and Giraffe
牛仔裤：购于日本东京
鞋：Pretty Ballerinas
包：LOEWE

风衣：Elephant and Giraffe
包：LOEWE

风衣：Elephant and Giraffe
裤子：Elephant and Giraffe
包：CHANEL

上衣：Elephant and Giraffe
半裙：Elephant and Giraffe
包：CHANEL
鞋：VERO CUOIO

毛衣：Elephant and Giraffe
牛仔裤：Elephant and Giraffe
鞋：ZARA

上衣：Elephant and Giraffe
包：Louis Vuitton

毛衣：Elephant and Giraffe
半裙：Elephant and Giraffe
包：CHANEL
鞋：Stuart Weitzman

西装：Elephant and Giraffe
运动裤：GU
包：CHANEL
鞋：PRADA

披肩：Elephant and Giraffe
运动裤：Elephant and Giraffe
牛仔衬衫：Elephant and Giraffe
鞋：CONVERSE_JP

披肩：BURBERRY
牛仔衣：Elephant and Giraffe
运动裤：GU
鞋：CONVERSE_JP

T恤：Elephant and Giraffe
马甲：Elephant and Giraffe
裤子：购于日本
鞋：VANS
包：Louis Vuitton

披肩：Elephant and Giraffe
牛仔衣：Elephant and Giraffe
运动裤：Elephant and Giraffe
鞋：VANS
包：LOEWE

夏

上衣：Elephant and Giraffe
半身裙：Elephant and Giraffe
包：Hermès
眼镜：VALENTINO

衬衫：Elephant and Giraffe
牛仔裤：Elephant and Giraffe
鞋：REPETTO

衬衫：Elephant and Giraffe
牛仔裤：Elephant and Giraffe
鞋：REPETTO
包：日本购入

背心：日本购入
裤子：Elephant and Giraffe
包：日本代购
鞋：VERO CUOIO

马甲：Elephant and Giraffe
裤子：Elephant and Giraffe
包：Ferragamo
鞋：Balenciaga

T恤：ZARA
牛仔裤：Elephant and Giraffe
包：CELINE
鞋：CONVERSE_JP

上衣：Elephant and Giraffe
短裤：Elephant and Giraffe
包：CHANEL
雨靴：日本购入

连体裤：Elephant and Giraffe
包：CHANEL
雨靴：AIGLE

T恤：Elephant and Giraffe
包：Ferragamo
雨靴：日本购入

衬衫：韩国代购
包：Ferragamo
凉鞋：ZARA

衬衫：Elephant and Giraffe
裤子：Elephant and Giraffe
包：日本购入
鞋：VERO CUOIO

上衣：Elephant and Giraffe
牛仔衣：Elephant and Giraffe
半裙：Elephant and Giraffe
鞋：韩国购入
包：CHANEL

上衣：Elephant and Giraffe
半裙：Elephant and Giraffe
鞋：Dolce&Gabbana

背心：Elephant and Giraffe
连体裤：Elephant and Giraffe
包：Hermès
鞋：73Hours

T恤：ZARA
牛仔裤：淘宝购入
包：CHANEL
鞋：Asics

T恤：Elephant and Giraffe
运动裤：Elephant and Giraffe
包：Hermès
拖鞋：Hermès

长罩衫：Elephant and Giraffe
包：Hermès
凉鞋：ZARA

衬衫裙：Elephant and Giraffe
包：Ferragamo
鞋：Pretty Ballerinas

衬衫：Elephant and Giraffe
半裙：Elephant and Giraffe
包：CHANEL
鞋：VERO CUOIO

秋

马甲斗篷：Elephant and Giraffe
包：LOEWE
鞋：Keds

披肩：Elephant and Giraffe
西服：Elephant and Giraffe
包：LOEWE
鞋：73Hours

外套：Elephant and Giraffe
皮裤：Elephant and Giraffe
围巾：Elephant and Giraffe
包：Vintage Louis Vuitton
鞋：73Hours

衬衫：Elephant and Giraffe
半裙：Elephant and Giraffe
围巾：Elephant and Giraffe
包：LOEWE
鞋：VERO CUOIO

卫衣：Elephant and Giraffe
纱裙：Elephant and Giraffe
包：Vintage Louis Vuitton
鞋：73Hours

卫衣：Elephant and Giraffe
半裙：Elephant and Giraffe
包：Hermès
鞋：Balenciaga

上衣：Elephant and Giraffe
牛仔裤：Elephant and Giraffe
包：韩国购入
鞋：VERO CUOIO

连体裤：Elephant and Giraffe
包：CHANEL
鞋：73Hours

连体裤：Elephant and Giraffe
帽：LAVIN
眼镜：GENTLE MONSTER

牛仔风衣：Elephant and Giraffe
包：LOEWE
靴子：Massimo Dutti

风衣：Elephant and Giraffe
鞋：Keds
帽：日本购入

衬衣：Elephant and Giraffe
毛衣：Elephant and Giraffe
牛仔裤：Elephant and Giraffe
包：Louis Vuitton
鞋：VERO CUOIO

毛衣：Elephant and Giraffe
牛仔裤：Elephant and Giraffe
包：LOEWE
鞋：Massimo Dutti

毛衣：Elephant and Giraffe
披肩：COS
包：LOEWE
鞋：Massimo Dutti

冬

帽：日本购入
外套：Elephant and Giraffe
牛仔裤：Elephant and Giraffe
鞋：CONVERSE_JP
包：Louis Vuitton

羽绒服：Elephant and Giraffe
裤子：H&M studio
帽：韩国购入
围巾：COS
鞋：Asics
包：CHANEL

棉衣：Elephant and Giraffe
围巾：ZARA
裤子：ZARA
鞋：淘宝购入
包：CHANEL

毛衣：Elephant and Giraffe
裤子：Elephant and Giraffe
腰带：Louis Vuitton
鞋：CHANEL
包：CHANEL

围巾：Elephant and Giraffe
大衣：Elephant and Giraffe

围巾：Elephant and Giraffe
大衣：Elephant and Giraffe
帽：CA4LA
鞋：Keds

皮草外套：Elephant and Giraffe
皮裤：Elephant and Giraffe
鞋：UGG
包：CHANEL

围巾：MUJI
大衣：Elephant and Giraffe
包：Louis Vuitton
鞋：CHANEL

帽：CA4LA
皮草外套：Elephant and Giraffe
裤子：Elephant and Giraffe
包：Louis Vuitton
鞋：Asics

帽：CA4LA
围巾：MUJI
棉衣：Elephant and Giraffe
运动裤：GU
鞋：Asics
包：CHANEL

围巾：Elephant and Giraffe
皮草外套：Elephant and Giraffe
裤子：Elephant and Giraffe
鞋：Massimo Dutti
包：LOEWE

披肩：ZARA
马甲：Elephant and Giraffe
鞋：JNBY
包：CHANEL

皮草马甲：Elephant and Giraffe
牛仔衣：Elephant and Giraffe
运动裤：GU
鞋：JNBY
包：CHANEL

皮草马甲：Elephant and Giraffe
帽：CA4LA
皮草外套：Elephant and Giraffe
迷彩上衣：Elephant and Giraffe
裤子：Elephant and Giraffe
鞋：GUCCI
包：Louis Vuitton